Kevin und René Silvergieter Hoogstad

Papa, Papi, Kind

W0105173

Kevin und René Silvergieter Hoogstad

Papa, Papi, Kind

Warum Familie auch anders geht

Bibliografische Information der Deutschen Nationalbibliothek
Die Deutsche Nationalbibliothek verzeichnet diese Publikation in der
Deutschen Nationalbibliografie. Detaillierte bibliografische Daten
sind im Internet über http://dnb.d-nb.de abrufbar.

Für Fragen und Anregungen
info@mvg-verlag.de

Originalausgabe
1. Auflage 2020
© 2020 by mvg Verlag, ein Imprint der Münchner Verlagsgruppe GmbH
Nymphenburger Straße 86
D-80636 München
Tel.: 089 651285-0
Fax: 089 652096

Redaktion: Nadine Lipp
Umschlaggestaltung: Marc Fischer
Umschlagabbildung: Anna Lisicki-Hehn
Satz: Carsten Klein, Torgau
Druck: CPI books GmbH, Leck
Printed in Germany

ISBN Print 978-3- 7474-0156-9
ISBN E-Book (PDF) 978-3-96121-521-8
ISBN E-Book (EPUB, Mobi) 978-3- 96121-522-5

Weitere Informationen zum Verlag finden Sie unter
www.mvg-verlag.de
Beachten Sie auch unsere weiteren Verlage unter www.m-vg.de

Wir widmen dieses Buch den Müttern unserer Kinder,
die uns das größte Glück unseres Lebens beschert haben.

Inhalt

Vorwort: Liebe ist Leben und Leben ist bunt

Dieses Buch ist entstanden, weil es Menschen gibt, die über den Tellerrand blicken. Menschen, die sich für andere interessieren, die aufgeschlossen sind, tolerant und offen. Offen für Ideen, die vor nicht allzu langer Zeit allenfalls fabulöse Promigeschichten in Klatschblättern waren, Geschichten, die man sich lückenhaft und hinter vorgehaltener Hand erzählt hat.

Dass zwei Männer heiraten und zwei Kinder großziehen, ist für sich genommen schon ungewöhnlich. Dass wir dabei ganz normal leben, in einem liebevollen sozialen Umfeld von Familie, Freunden und wohlwollenden Menschen, ist für uns beide wie ein Sechser im Lotto. Unser Weg dahin war ein spannender, schwieriger, kurioser, rührender und sehr bewegender. Ihn aufzuschreiben, darum hat uns eine dieser aufgeschlossenen Personen gebeten, und wir danken ihr von ganzem Herzen, dass sie uns gefördert und gefordert hat, unsere Geschichte für andere zugänglich zu machen. Wir haben es mit Freude getan und mit der Gewissheit, dass es auch in diesen guten Zeiten wichtig ist, das Gute zu benennen und die Toleranz zu pflegen und zu mehren, die unser wunderbares Leben möglich macht. Dass diese Toleranz in einigen Teilen unserer Gesellschaft fehlt, ist eine Gefahr für uns und unsere Familie.

Familie kann heute viel mehr sein als die alte Vorstellung von Mutter-Vater-Kind. Familie geht auch anders. Vieles hat sich verändert in den letzten Jahrzehnten und so vieles davon ist gut. Familie kennt heute viele Konstellationen, und das hat oft damit zu tun, dass Ehepartner nicht mehr auf Gedeih und Verderb aneinander gebunden sind und dass Frauen das Recht haben, ihr Leben selbstverantwortlich zu gestalten. Kinder werden heute davor geschützt, ohne die notwendige Zuwendung und Pflege aufzuwachsen. Aus all diesen meist hart erkämpften Entwicklungen entstand das, was man Patchworkfamilien, Pflegefamilien und in unserem Fall Regenbogenfamilien nennt.

Von diesem anderen, bunten, liebevollen Leben wollen wir in diesem Buch erzählen. Wenn wir an einigen Stellen die Wörter »Norm« oder »normal« verwenden, soll dies nicht, wie oft im alltäglichen Sprachgebrauch üblich, eine Wertung beinhalten. Wir verwenden diese Wörter lediglich, um das zu beschreiben, was zahlenmäßig der Mehrheit entspricht, im Unterschied zu dem, was heraussticht. Auch möchten wir dringend darauf hinweisen, dass wir keinen Anspruch auf Richtigkeit bei der Erklärung gesetzlicher Bestimmungen erheben, auf die wir im Laufe unserer Geschichte gestoßen sind. Wir erzählen in diesem Buch unter anderem, was wir vor vier Jahren erlebt haben. Gesetze und Rechtsprechung können sich seitdem verändert haben und unsere Erfahrungen und Beschreibungen sind die von Laien.

Wer sich von unserem Buch angeregt fühlen mag, den Weg der Pflegeelternschaft zu begehen, der wird bei seinem zuständigen Jugendamt alle aktuellen Bestimmungen finden. Wir würden uns in der Tat freuen, wenn sich liebende Eltern durch unsere Geschichte ermutigt fühlen, diesen Weg zu wählen und einem Kind ein neues Leben zu ermöglichen. Allen anderen wünschen wir einfach viel Freude beim Lesen.

Wir danken euch allen, die ihr die Neugier habt und euch die Mühe macht, über den Tellerrand zu blicken.

Kevin und René

1
Wir sind zu viert!

Papa, Papi, Tommy und Annika

Kevin

»Piep, piep, piep, wir haben uns alle lieb, guten Appetit.« Wir halten uns alle vier an den Händen, schütteln sie leicht auf und ab und auch Annika spricht den Vers schon ein wenig mit. Annika sitzt neben mir in ihrem Hochstuhl, René sitzt mir gegenüber und Tommy sitzt zwischen uns am Kopfende des Tisches. »Durte habeeee«, sagt Annika, und zeigt dabei auf die Schale mit den Gurken. »Ich auch«, ruft Tommy und nimmt sich gleich drei Scheiben auf einmal.

»Keine Sorge, es ist genug für alle da. Und wenn die Schale leer ist, kann ich auch noch mehr Gurke aufschneiden«, sagt René liebevoll und reicht Annika eine Gurke. »So lecker«, sagt

Annika und verschlingt die Gurke auf einmal. »Danke«, erwidert Tommy, »danke, dass ihr unsere Eltern seid.« – »Und ich bin froh, dass ihr unsere Kinder seid«, sage ich. René streichelt Tommy sanft über den Kopf und sieht so glücklich und verliebt aus.

Tommy war dreieinhalb Jahre alt, als er am 3. September 2015 zu uns kam, Annika war gerade acht Monate geworden, als sie am 15. August 2018 bei uns einzog.

Da sitzen René und ich mit zwei Kindern am Tisch und ich sehe in seinen leuchtenden Augen, dass auch er es immer noch nicht glauben kann. Wir haben wirklich zwei Kinder. Wir sind Papa und Papi. Ich werde mich wohl nie daran gewöhnen. Und das möchte ich, offen gestanden, auch nicht. Denn ich mag diesen Zauber, der sich hinter dem Nichtgewöhnen verbirgt. Beide bleiben für uns immer etwas Besonderes, und das ist wundervoll.

2
Die Kinder entscheiden

Wenn »Mama« kein Geschlecht, sondern ein Gefühl ist

Kevin

»Maamaaaaa«, rief Tommy so laut über den Spielplatz, dass es die anderen Eltern hören mussten.

»Du musst genau da stehen bleiben und mich auffangen. Und dich drehen. Und mich küssen. Und ganz feste drücken. Ganz schnell.« Mit dieser ehrlichen Freude und Liebe rannte Tommy auf mich zu und rief so laut, dass es wirklich jeder hörte, und ich, ich überlegte nicht mehr, was die anderen Menschen auf dem Spielplatz denken könnten oder wie sonderbar es schien, dass ein Mann »Mama« genannt wurde. Ich war so stolz und berührt von seiner aufrichtigen und so weitreichenden Liebe, dass er mich nicht nur Mama nannte, sondern mich auch als seine Mama fühlte.

Er kam auf mich zugerannt, mit seiner überschwänglichen Freude, mit weit aufgerissenen Augen und ausgebreiteten Armen. Er wusste ganz genau, was gleich passierte, und ich auch. So viele Male hatten wir dieses kleine Ritual schon vollzogen. Ich ging leicht in die Hocke, fing Tommy auf, als er bei mir ankam, drehte ihn im Kreis und gab ihm einen Kuss auf den Kopf.

»Mama, meine Mama«, sagte mein Sohn, und ich genoss seine Nähe und sein Vertrauen in mich.

Mein Sohn, mein Pflegesohn nennt mich Mama. Das hätte ich nie für möglich gehalten und anfangs auch nicht gewollt. Denn die Bezeichnung »Mama« gilt der Frau, die das Kind geboren hat. Das war für mich so klar und so selbstverständlich wie der Sonnenaufgang am Morgen. Wie unwissend ich war und wie wenig ich von den Gefühlen und der Beziehung zwischen Kind und Elternteil wusste. Und was dieses Wort »Mama« für ein Kind bedeutet: Ein starkes Gefühl von Angenommensein, Zuhause, Zugehörigkeit und Liebe. Doch da stand ich auf dem Spielplatz, mit all den Frauen und Männern, den Mamas und Papas, und es hätte sich richtiger nicht anfühlen können, dass mein Sohn seinen Papi »Mama« nannte.

Ich erinnere mich noch an eines der ersten Gespräche mit unserer damaligen Sachbearbeiterin vom Jugendamt, Frau Müller. Kurze graue Haare, Jeans und Turnschuhe. Sie hatte einen etwas herben Charme, der manchmal an Schroffheit grenzte, und strahlte eine förmliche Autorität aus. Das führte dazu, dass ich mich in ihrer Gegenwart manchmal wie ein kleiner Schuljunge fühlte.

»Wie ist das dann mit der Unterscheidung? Ich meine, wir sind zwei Männer, wie ist das für die Kinder?«, fragte ich.

Frau Müller schmunzelte, schaute mich über ihre Brille hinweg an und antwortete: »Also bei dem einen Männerpaar, das wir betreuen, nennt das Pflegekind einen der Väter Mama.«

Aus ihrem Schmunzeln wurde ein verhaltenes Lächeln, und ich war mir nicht sicher, ob sie sich amüsierte, mir mit ihrer Aussage einen gezielten Vorschlag machen wollte oder schon meine Reaktion erahnte und darüber erheitert war.

René und ich mussten fast lachen. Also bei allem Verständnis von Liberalität und dem Wunsch nach Gleichberechtigung, das fühlte sich dann doch sehr komisch an. Dass ein schwuler Mann zulässt, Mama gerufen zu werden, fand ich nicht nur befremdlich, sondern gleichzeitig ein entsetzliches Klischee.

»Ich würde dann die Unterscheidung Papa und Papi bevorzugen«, erwiderte ich.

»Manche Pflegeeltern, vor allem bei heterosexuellen Paaren und bei Kindern, die älter und länger in ihrer Herkunftsfamilie gelebt haben, kommt es auch vor, dass die Pflegeeltern nur mit dem Vornamen angesprochen werden. Oder später das Wort Mama beziehungsweise Papa vor den Vornamen gesetzt wird. Also Mama Renate und Papa Herbert zum Beispiel.«

Puh, das klang auch wild und fühlte sich komisch an, denn ich komme aus einer Familie, in der Mama und Papa gesagt wird. Mit diesen Worten verbinde ich Geborgenheit, Familie, zu Hause sein, Vertrauen, Sicherheit und unendlich viel Liebe. Ich weiß gar nicht, wann ich mir zum ersten Mal darüber bewusst wurde, wie die Vornamen meiner Eltern lauteten.

Aber gut, hier geht es nicht um mein Ego oder um meinen Wunsch nach Anerkennung und Liebe eines mir noch fremden Kindes, und erst recht nicht darum, Papa genannt zu werden. Es geht hier um ein fremdes Kind. Und dieses braucht Hilfe in Form von neuen sozialen Eltern. So werden Eltern genannt, die nicht die leiblichen Eltern sind, also auch Pflegeeltern. Menschen, die Verantwortung übernehmen können und wollen, und das am besten schon gestern.

Hier geht es um Kinder, die nicht bei ihren leiblichen Eltern aufwachsen werden, sondern bei zunächst völlig fremden vom Jugendamt ausgewählten Menschen. Bei uns kommt noch hinzu, dass sie mit zwei Männern groß werden, ein Thema, über das wir uns von Anfang an Gedanken gemacht und immer wieder überlegt haben, wie das für die Kinder sein wird.

Braucht ein Kind eine weibliche Mama-Figur? Sicher, gäbe es nicht beide Geschlechter, wäre kein Leben möglich, und es wäre auch wünschenswert, dass Kinder bei ihren leiblichen Eltern groß werden. Mit ganz viel Liebe und Anerkennung, Aufmerksamkeit und Geborgenheit. Das ist aber nicht jedem Kind vergönnt und nicht jedem leiblichen Elternteil ist es in die Wiege gelegt worden, all das seinem Kind zu geben. Oft haben Eltern in ihren Kindertagen nicht die Liebe und Zuwendung erfahren, die es ihnen ermöglicht hätte, diese weiterzugeben.

Auch in der Tierwelt kommt es immer wieder mal vor, dass ein Junges verstoßen wird, dass Eier im Nest verlassen werden oder Eltern bei der Futtersuche selbst der Nahrungskette zum Opfer fallen – und nicht selten springen dann Tierpflegeeltern und Tierregenbogenfamilien ein.

Gerade bei Albatrossen und Pinguinen kommt es häufiger vor, dass zwei männliche Tiere, ein Leben lang verbunden, sich um ein fremdes Ei oder Küken kümmern und als ihres annehmen. Dazu fällt mir ein zauberhaftes Kinderbuch mit dem Titel »Zwei Papas für Tango« ein, das von einem homosexuellen Pinguinpaar im New Yorker Zoo erzählt und auf einer wahren Geschichte beruht.

Egal ob Tier oder ob Mensch, alle Lebewesen brauchen in erste Linie Liebe. Das ist meine feste Überzeugung. Und Liebe ist ein Gefühl, das wir alle in uns tragen können.

Die Bezeichnungen Mama und Papa sind mit ganz bestimmten Menschen verknüpft und an aufrichtig empfundene Gefühle gebunden. Denn erst mit der Liebe einer Mama oder eines Papas lernt ein Kind sich sicher zu fühlen. Sicher genug, um irgendwann auf eigenen Beinen zu stehen und dann, mit noch mehr Sicherheit, auch alleine gehen zu können.

Unser Sohn und auch unsere Tochter nannten mich beide, bevor sie den Begriff Papi kannten und konnten, Mama. Dabei war es aber nicht so, dass wir ihnen diese Option angeboten hätten. Sie mussten »Mama« auf dem Spielplatz, beim Einkaufen oder bei Freunden gehört und auch die Verbindung von Wort und Person beobachtet haben und sie für sich auf mich übersetzt haben.

Mama ist kein Geschlecht, Mama ist ein Gefühl. Ob eine Frau ein Papa ist oder ein Mann eine Mama oder ob ein alleinerziehender Elternteil beides zugleich ist, liegt vor allem an den Kindern selbst. Die Kinder entscheiden, wen sie mit welchem Gefühl in Verbindung bringen und wen sie wie benennen.

Wie viele alleinerziehende Mütter sorgen sich, dass ihren Söhnen die Vaterfigur fehlt? Auch wir hatten anfangs diese Bedenken, dass unseren Kindern eine weibliche Bezugsperson fehlen könnte. Unsere Sorgen waren aber unbegründet, denn die meisten Erzieherinnen und Lehrerinnen sind Frauen, und in unserer Familie gibt es Tanten und Cousinen und Omi und Oma. Kinder finden ihre Rollenvorbilder im Laufe ihres Lebens, und dies oftmals fernab unserer starren Vorstellungen davon, wie diese auszusehen haben. Denn es gibt Mädchen, die lieber Fußball spielen oder Autos reparieren, und es gibt Jungs, die gerne mit Barbies spielen oder Tänzer werden wollen – und dies alles völlig losgelöst von der sexuellen Orientierung.

Eigenschaften wie immer da zu sein, zu behüten, zu wärmen, zu halten, lösen das »Gefühl Mama« aus. Wenn ich Tommy abends ins Bett bringe, ihm eine Geschichte vorlese, ihm noch sein für ihn gedichtetes Lied vorsinge und ihm lange übers Haar streichele, sagt er immer und immer wieder, dass ich seine Herzmama sei. Das ist ein Begriff, der Kinder den Unterschied zwischen der leiblichen Mutter, sozusagen der Bauchmama, und der Pflegemutter, also der Herzmama, erklären soll.

Natürlich macht mein Mann auch alles ganz liebevoll und großartig. Doch ich bin es, zu dem Tommy kommt, wenn er etwas aus der Schule erzählt: »Papi, ich werde bald Luisa heiraten.« Eine Woche später erzählt er mir dann genauso selbstbewusst, dass er Louis heiraten möchte. Er bittet mich, Papa nicht zu verraten, dass er wieder die Gartenschere nicht in den Schuppen zurückgelegt hat, da er weiß, dass Papa ihm das schon so oft gesagt hat und eher mal genervt ist. Zu René geht er, wenn er Hammer und Nägel aus der Werkstatt holen möchte, Hausaufgaben machen oder etwas im Übungsheft schreiben möchte oder wenn er toben und Ballspielen möchte. Obwohl sowohl René als auch ich die jeweils beim anderen eingeforderten Bedürfnisse erfüllen könnten, sucht sich Tommy die Person aus, die er mehr mit der jeweiligen Aufgabe in Verbindung bringt.

Auch als er es noch nicht besser verstehen konnte, folgte er seinem Gefühl und machte mich damit gesellschaftlich gesagt zu seiner Mama. Mit diesem Mama-Gefühl geht auch einher, dass sich ein Kind bei dem Mama-Menschen so sicher und geborgen fühlt, dass es vielleicht eher mal kracht. Mit Mama reiben sich Kinder mehr, wie die ein oder andere leidgeplagte Mutter sicher bestätigen kann.

»Würdest du bitte deine Zähne putzen?«, sagte ich zu Tommy.

Tommy blickte aus dem Fenster und ich war mir nicht sicher, ob er mich schon bewusst ignorierte oder wirklich mit seinen Gedanken in der Kreidezeit steckte und in einen Tyrannosaurus verwandelt einem Triceratops hinterherrannte.

»Ich hatte dich gebeten, deine Zähne zu putzen, hast du mich gehört?«, wiederholte ich.

Tommy antwortete mit einer Mischung aus Ertapptsein und ehrlicher Vergessenheit: »Ups.«

»Ich würde mir wünschen, dass du deine Zähne jetzt auch putzt. Das bedeutet, dass sich die Zahnbürste auch bewegt.«

Tommy sah mich wütend an, hob den Zeigefinger, grummelte missbilligende Geräusche vor sich hin und stampfte, wahrscheinlich war er immer noch ein T-Rex, ins Badezimmer. René hat solche Gespräche mit Tommy nicht, wenn er ihn bittet, etwas zu tun, macht er es in der Regel sofort oder viel schneller als bei mir.

Das Papa-Gefühl haben Kinder bei der Person, die sie als den Beschützer der ganzen Familie wahrnehmen, die das Geld nach Hause bringt, den Kindern Fahrradfahren und Schwimmen beibringt und mit ihnen zu Weihnachten etwas aus Holz für die Omas bastelt. Oder auch für mich, die Mama. Ich habe letzte Weihnachten von beiden Kindern ein Herz aus Holz mit ihrem Handabdruck darauf bekommen. René erzählte mir hinterher, dass er eine gute Stunde gebraucht hat, bis keine Farbe mehr an den Kinderhänden klebte. Doch für das Strahlen in Tommys Augen und für Annikas Quieken war es das wert. Wie können Eltern denn immer von Stolz sprechen, wenn ihre Kinder etwas getan haben? Das haben ja die Kinder gemacht und nicht die Eltern – das habe ich oft gedacht, bevor ich selbst dieses Glück erleben durfte, stolz auf meine Kinder zu sein. Wie seltsam kinderlose Menschen doch manchmal denken.

Mir sind die Tränen in die Augen geschossen vor Stolz und so schnell konnte ich mich gar nicht zusammennehmen, da liefen sie mir schon die Wangen runter, so verliebt war ich in diesem Moment in meinen Mann und unsere Kinder. Zunächst fühlt sich das an wie althergebrachte und doch eigentlich ausgediente Rollenbilder. Doch es geht hier eben nicht um Geschlechter, sondern um Gefühle. Nur dass sich in einer heteronormalen Familie mit Mann und Frau und leiblichen Kindern die wenigsten Menschen über die Begriffe Mama und Papa Gedanken machen.

Auch bei uns haben sich einzelne Aufgaben und Rollen zugeordnet. So bin ich derjenige, der zwangsläufig mehr Zeit mit den Kindern verbringt und auch den Überblick über alle Nachmittagstermine hat. Und ich bin es, der versucht, den Kindern gerecht zu werden, und deshalb den Haushalt gerne mal vernachlässigt, was meinen von der Arbeit nach Hause kommenden Mann regelmäßig sprachlos macht und verzweifeln lässt. Ich hätte doch so viel Zeit. Und ich hoffe, dass mir auch in diesem Punkt viele Mamas zustimmen, denn mit Kindern misst sich die Zeit nicht mehr in Minuten und Stunden, sondern in gelesenen Büchern und in leeren Schalen gekochter Spielsuppen. Zeit mit Kindern wird nicht mehr auf der Uhr abgelesen, sie misst sich an der ständig vollgestellten und schmutzigen Küche und den immer überquellenden Wäschekörben oder an den Bergen sauberer, noch nicht zusammengelegter und wegsortierter Wäsche.

Jeder von uns kann die Gefühle und Eigenschaften, die mit Papa und Mama verbunden sind, in sich tragen. Und jeder Mensch, jedes Kind baut eigenständige und unabhängige Beziehungen zu anderen Menschen auf. So kann es auch sein, dass in einer Familie mit zwei Kindern das eine Kind mehr Mama-Geborgenheit bei der Mutter findet und das andere vielleicht beim Vater.

Die Bezeichnungen sind einfach schon seit so vielen Generationen an das Geschlecht gebunden, dass es von Anfang an so selbstverständlich ist, dass die Mutter auch die Mama und der Vater auch der Papa ist. Normalerweise* leben Kinder nun mal bei Mutter und Vater und in intakten Familienverhältnissen, sodass sich über die Frage nach der Zugehörigkeit von »Mama« und »Papa« keine Gedanken gemacht wird.

Als meine Kinder mich Mama nannten und sich das gut und richtig anfühlte, fing ich an zu überlegen und spürte in mich

---

* Normal bedeutet nicht gut oder schlecht, normal ist die Mehrheit.

hinein: »Elternsein ist in erster Linie diese Liebe zu unseren Kindern und ihre Liebe zu uns.« Also fragte ich mich, was für beide Kinder der Unterschied zwischen meinem Mann und mir bedeutet. So ist mein Mann zum Beispiel der geduldigere Hausaufgabenbegleiter für Tommy und der konsequentere Einschlafbegleiter unserer Tochter. Ich merkte beim Spielkontakt mit Schulkameraden oder beim Warten in der Sportumkleide, dass ich die gleichen Herausforderungen bei meinen Kindern teile wie alle anderen Mütter, und mein Mann eben ganz klassisch die »leichtere« Papa-Rolle hat. Er bittet die Kinder, das Zimmer aufzuräumen, und muss selten ein zweites Mal das Zimmer betreten, bis seiner Bitte nachgekommen wird.

Nicht selten höre ich von anderen Müttern: »Tja, du bist eben die Mama.« Manches Mal sagen sie es belustigt und andere Male mit großem Staunen darüber, wie Kinder fühlen und ihre Gefühle einfach aussprechen. Auch unsere Familientherapeutin, die viel mit Pflegefamilien zusammenarbeitet, sagte in einer Sitzung lachend: »Ich hoffe, Sie sehen es mir nach, Herr Silvergieter, aber Sie sind eben die Mama.«

Ich sehe es ihr nicht nur nach, sondern ich bin der festen Überzeugung: Ich bin die Mama. Und das macht mich heute unendlich stolz.

3

»Silvergieter Hoogstad.« – »Wie bitte?«

Eine Kennenlerngeschichte

René

Laut Statistik lernen sich sechzig Prozent aller Paare auf der Arbeit kennen. Als ich am 27. April 2009 in den Briefingraum kam, um meine Crew vor dem Abflug zu treffen, saß Kevin schon da. Ich dachte bei mir: »Herrje, wieder so viel junges Gemüse heute. Das wird bestimmt anstrengend.«

Kevin sah ganz nett aus. Aber es war mir gleich klar, dass das geparkte Bobbycar vor der Tür seins sein musste. Wie alt war er? Vielleicht zwanzig oder zweiundzwanzig? Keine Ahnung. Nachdem sich jeder Flugbegleiter seine Arbeitsposition im Flugzeug ausgesucht hatte, ergab es sich, dass wir am selben Ende des Flugzeuges arbeiteten und so die nächsten Stunden zusammen verbringen würden. Für einen so jungen Hüpfer war er sehr charismatisch, hegte respektvollen Umgang mit Kunden und Kollegen und war überraschend charmant. Sehr charmant. Hm. Ich war wahrscheinlich schon zu lange Single, und nur deshalb fühlte ich mich in seiner Umgebung so wohl. Dachte ich.

Nur sechs Stunden später waren wir in Jeddah, Saudi-Arabien. Das Abendessen mit der Crew fand in einem typischen, saudischen Restaurant statt. Unter freiem Nachthimmel, mit dem Geruch des Meeres in der Luft, vermischt mit dem Duft der Wasserpfeifen, die die wenigen Männer um uns herum rauchten. Immerhin saßen wir in der »Family Section«, da wir weibliche Crewmitglieder bei uns hatten. In der »Men Section« saßen weitaus mehr Männer. Aber eben auch nur Männer. Dort brauchte man ein Nebelhorn, um die Schwaden der Wasserpfeifen zu durchdringen. Dort hatten Frauen keinen Zutritt. Andere Länder, andere Sitten. Ich war als Flugbegleiter angetreten, die Welt zu bereisen, nicht, sie zu verändern. Auch wenn es ab und an schwerfällt.

Wir genossen das köstliche Essen mit den exotischen Gewürzen der arabischen Welt, plauderten über Belangloses und lachten viel. Zum Ende bestellten wir uns einen Milkshake, und da sich die Crew auflöste und die meisten zurück ins Hotel gingen, blieben wir zu zweit zurück. Wir schlenderten mit unserem Getränk die Corniche entlang, eine befestigte Uferpromenade. Wir begannen, uns gegenseitig Geschichten zu erzählen. Von unserem Leben, unseren Familien, unserem Zuhause. Ich fragte nach seinem Nachnamen. Wir duzen uns ja alle an Bord und ich kannte ihn nur als Kevin.

Er antwortete: »Silvergieter Hoogstad.«

Ich darauf: »Gesundheit! Wer kommt denn auf so einen Namen?« Wie hätte ich damals erahnen können, dass ich ihn einmal freiwillig selbst tragen würde?

Wir liefen weiter und regten uns gemeinsam über Kinder auf, die kleine Böller zwischen die umherstreunenden Katzen warfen. Kevin erzählte von seiner Hündin Dusty, die vom bösen Schäferhund des örtlichen Metzgers gebissen wurde, und davon, wie schwer es war, in einer eher konservativen, leicht rechtsradikal angehauchten Umgebung aufzuwachsen. Wir erzählten von unseren geschiedenen Eltern. Von den Opfern, die unsere Mütter erbracht hatten, um uns eine glückliche Kindheit zu bescheren. Von der großen Dankbarkeit, die wir für sie empfanden. Von unserem Coming-out, unseren vergangenen Beziehungen.

Wir hatten einiges gemeinsam, obwohl wir so viele Jahre auseinander waren. Ich genoss die Gespräche mit diesem aufgeschlossenen und charmanten jungen Mann. Ich mochte das Verantwortungsbewusstsein und die für sein Alter ungewöhnliche Klarheit, mit der er viele Dinge sah. Und ich war bezaubert von seiner Offenheit, die manchmal an Naivität grenzte, sodass ich ihn am liebsten im Wechsel belächelt oder umarmt und beschützt hätte. Beschützen durfte ich ihn dann auch am Ende dieses Abends, als er nämlich beim Überqueren der Straße beinahe vor ein Auto gelaufen wäre. Ich hielt ihn am Arm fest. Eine erste Berührung. Okay, vielleicht war das Auto noch nicht ganz so nah. Aber hey, ich war immerhin sein Vorgesetzter und hatte dementsprechend Fürsorgepflicht.

Am nächsten Morgen hatten wir uns alle verabredet, um gemeinsam zum Beach Club zu fahren. Dies war eine abgeschlossene Strandanlage, in der wir uns alle frei bewegen durften. Die Damen gar im Bikini, fern aller Gottesfürchtigen, die um den Verderb der Moral bangten. Ich fühlte den Biss der Enttäuschung, als Kevin nicht auftauchte. Na ja. Jung und unzuverlässig halt. Also zog ich mit den Damen los, um Sonne und Meer zu genießen. Die Seeluft war herrlich, das Wasser glasklar. Ich las mein Buch, genoss den sanften Wind auf meiner Haut und bewegte mich drei Stunden später träge zum Mittagessen mit allen anderen. Wir speisten, wie es in den Geschichten aus »1001 Nacht« beschrieben wird. Es wurde arabische Mezze serviert und der Tisch war gedeckt mit kleinen Schälchen voller Köstlichkeiten wie Hummus, Tabouleh oder Moutabal. Dazu Lamm oder Huhn in orientalischen Gewürzen mariniert, zart und saftig auf Spießen gegart. Der Genuss dieser Speisen erhöht sich durch die Art, sie zu essen. Man reißt frisch gebackenes Fladenbrot in Stücke und nimmt mit diesen die verschiedenen Gerichte auf. Man isst mit den Händen, was die Sinnlichkeit des Erlebnisses erhöht. Und jeder bedient sich an allen Schüsseln. Dadurch entsteht ein Gefühl der Gemeinschaft, eine ganz andere Art des gemeinsamen Speisens. Zugegebenermaßen ist es nichts für Hygienefanatiker. Aber ich liebes es und ich liebe unter anderem deshalb meinen Beruf. Nach zwanzig Jahren noch immer wie am ersten Tag. Und Liebe geht ja bekanntlich durch den Magen.

Nach dem Mittagessen schlüpfte ich in einen flachen Glasbau, der ein kleines Business Center beherbergte, um mich an den dort vorhandenen Computern um meinen Dienstplan für den

nächsten Monat zu kümmern. Es war Abgabeschluss der Flug-
wünsche. Wir Flugbegleiter haben das Glück, unseren Dienstplan zumindest in Teilen selbst bestimmen zu können. Wir
können unsere Prioritäten setzen und uns einen Flug zu einem
bestimmten Ziel wünschen. Oder an einem bestimmten Tag.
Oder auch bestimmte Tage im Monat frei wünschen, an denen
wir gerne zu Hause sein möchten. Damals ging das alles noch
nicht auf dem Handy oder dem Tablett, wie heute. Das ist heute
kaum mehr nachvollziehbar. Wie sehr sich die Technik verändert
hat allein in den fast fünfzig Jahren, die ich auf der Erde bin.

Ich saß also im Beach Club am Computer hinter einer Glas-
scheibe und bastelte hoch konzentriert an meinem Dienstplan,
als sich draußen ein junger, attraktiver Mann zu meiner Crew
gesellte. Kevin. Er war mit dem Mittagsbus nachgekommen
und stand nun bei meiner Crew, die noch ihren starken, arabischen Kaffee genoss. Es ist keine leichte Übung, wie von der
Tarantel gestochen loszurennen und dabei ganz lässig auszusehen. Ich sprang also aus meinem Stuhl, rannte zur Tür, riss
sie auf und … ging ganz gemächlichen Schrittes Richtung Sitzgruppe, um dort – der Übung zweiter Teil – ganz überrascht
festzustellen, dass Kevin ja auf einmal auch da war.

»Ich habe dich gar nicht kommen sehen. Schön, dass du da
bist«, sagte ich und verkniff mir den schwierigen dritten Teil
der Übung: ihn so unauffällig wie möglich in die Nähe meiner
Liege zu lotsen. Die Blöße wollte ich mir vor meinen Mädels
nicht geben. Die hätten das sofort geschnallt und Kevin wahrscheinlich nicht. Dachte ich. Ich sagte also nur, ich ginge wieder
zu meiner Liege, und er sagte darauf ebenso einfach, er käme
mit. Dieser wunderschöne, liebevolle und liebenswerte Mensch

folgte mir. Freiwillig. Zugegebenermaßen war ich sicher in einer der unzähligen Blüten meiner Jahre und auch ein klein wenig ansehnlich.

Ich hatte mich ein wenig abseits der Gruppe gelegt, weil ich gerne Ruhe beim Lesen habe und die immer ähnlichen Gespräche über unsere Arbeit manchmal ermüdend sein können. Da Kevin die für rothaarige Männer typische, sehr helle Haut hat, ermahnte ich ihn, sich gut einzucremen.

Erwähnte ich bereits, dass ich sie liebe, diese sanfte, helle Haut? Die auf eine ganz eigene Weise das Wunder des Lebens ins rechte Licht rückt? Adern, Sehnen und die angeschlossenen Muskeln bewegen sich wie hinter einer Milchglasscheibe und man kommt nicht umhin, fasziniert zuzuschauen oder sich zu einer sanften Berührung hinreißen zu lassen. Noch heute beobachte ich meinen Mann ab und an, wenn er schläft. Sauge jedes Detail seines starken und gleichwohl feinen Körpers auf.

Unnötig zu erwähnen, dass ich ihm damals also anbot, seinen Rücken zu salben. Er hat einen muskulösen, langen Rücken und ich nahm mir ausreichend Zeit, damit er sich auch ganz sicher nicht verbrennen würde. Ich hatte, als sein Vorgesetzter, ja immerhin eine gesetzliche Fürsorgepflicht zu erfüllen, wie bereits erwähnt. Das Ergebnis war dann auch höchst zufriedenstellend. Als ich ihn nämlich fragte, ob wir ein wenig zum Wasser schlendern wollen, sagte er: »Sehr gerne. Ich kann nur leider grad nicht aufstehen.« Breites Lächeln auf meinem Gesicht. Irgendwann beruhigte sich sein höchst erfreuter Körper wieder und er konnte aufstehen, ohne einen Verlust des Tragekomforts seiner Bademode zu riskieren – und den damit sicherlich verbundenen Tumult unter allen weiteren Badegästen.

Nach nur knapp einer Stunde des romantischen Flirtens lief ich schon Gefahr, meinen heutigen Ehemann das erste Mal zu ermorden. Ich konnte ja nicht ahnen, dass er sich so … ungeschickt anstellen würde. Er hatte mir zwar versichert, noch nie in seinem Leben geschnorchelt zu sein. Aber ich hatte auch noch nie jemanden gesehen, der sich den Schnorchel so gründlich voller Wasser sog und infolgedessen auch den Mundraum und Teile seiner weiterführenden Atemwege flutete. Als er also um sich schlagend, abwechselnd Wasser spuckend und nach Luft japsend wieder aus dem Wasser auftauchte, blieb mir nur, ihn mit meinen Armen zu umschlingen und über Wasser zu halten, bis er sich wieder beruhigt und einen halbwegs normalen Atemrhythmus hatte.

Der zweite Versuch gelang ihm dann schon deutlich besser und bald glitten wir nebeneinander durch die faszinierende Unterwasserwelt Saudi-Arabiens. Ein felsiger Abhang erstreckte sich unter uns und der Reichtum an Fischen und anderen Meeresgeschöpfen war unbeschreiblich. Eine Explosion der Farben und Formen. Als ich einen besonders farbenfrohen Kofferfisch erspähte, ergriff ich Kevins Hand, um seine Aufmerksamkeit zu erregen, und zeigte mit der anderen in Richtung der schillernden Kreatur. Es war wieder einmal er, der Mut und Willen bewies, ohne Angst vor der Zurückweisung. Seine reine und unbedarfte Art, die ich noch heute so liebe. Er hielt meine Hand einfach fest. Er hielt mich fest und ließ mich nicht mehr los. Und so schwammen wir nicht mehr nebeneinander, sondern miteinander durch das Rote Meer, Hand in Hand, mit klopfenden Herzen. Es war einer der schönsten Momente meines Lebens.

Mein zweiter Versuch, Kevin zu meucheln, fand übrigens ein gutes halbes Jahr später statt. Er hatte eine Magenverstimmung, und ich kochte ihm als liebender Partner einen wohltuenden Kamillentee. Als er diesen zum Mund führen wollte, verzog er das Gesicht und klärte mich darüber auf, dass er gegen Kamille hochgradig allergisch sei. Und gegen Walnüsse. Und Honig. Und Kiwis. Und Laktose. Und Hausstaub. Aber hey, immerhin nicht gegen mich.

Am jenem Nachmittag in Saudi-Arabien fuhren wir vom Beach Club gemeinsam zum Hotel zurück, da wir abends einen sogenannten »Shuttle« fliegen mussten. Das heißt, man fliegt von einem Flughafen im Ausland zu einem anderen und wieder zurück, um dann einer anderen Crew den Rückflug nach Frankfurt zu übergeben. Als ich die Uniform anzog und an den vor mir liegenden Flug dachte, spürte ich eine Aufregung in mir, die ich zunächst gar nicht richtig einordnen konnte. Ja, der Nachmittag war sehr schön gewesen. Und ja, Kevin hatte mir mit seinen sehr klaren Signalen und dem Suchen meiner Nähe sehr geschmeichelt. Aber ich konnte doch nicht ernsthaft aufgeregt sein, weil ich gleich mit ihm arbeiten durfte. Dachte ich.

Vor Beginn des Fluges, als noch keine Gäste an Bord waren, und Kevin in der Flugzeugküche vor mir stand, legte ich meine Hand sanft auf seine Wange. Ich weiß gar nicht mehr, was wir gesprochen hatten. Oder ob wir überhaupt gesprochen hatten. Aber es war ein sehr zärtlicher Moment. Und zur Abwechslung war ich es, der sich traute. Ich hatte mit großer Wahrscheinlichkeit einen Sonnenstich, dass ich mich zu so etwas hinreißen ließ. Dachte ich.

Die beiden kurzen Flüge in den Sudan und zurück verliefen ruhig. Und ich genoss seine Nähe. Und die Leichtigkeit, mit der wir arbeiteten. Oftmals ohne Dinge aussprechen zu müssen. Wir waren einfach auf einer Wellenlänge.

Wir kamen mitten in der Nacht, so gegen zwei Uhr lokale Zeit, wieder im Hotel an. Auf dem Rückflug von Khartum nach Jeddah hatten wir alle darüber gesprochen, dass wir im Hotel noch gemeinsam etwas essen würden. Als wir dann aber alle in der Lobby saßen und unsere Zimmerschlüssel wiederbekamen, überwog doch die Müdigkeit und die Gruppe löste sich auf. Diesmal gab es keine Gelegenheit, unauffällig in seiner Nähe zu bleiben. Alle strömten zu den Zimmern. Auch wir. In meinem Zimmer angekommen, fiel die Tür hinter mir ins Schloss, und ich fühlte mich … allein. Es fehlte mir etwas. Ich blies einen Moment Trübsal, bis mein Blick auf zwei Schokoriegel fiel, die auf meinem Schreibtisch lagen. Ha. Wir hatten doch alle über unseren Hunger gesprochen, als wir an Bord waren. Und wieder rief ich mir meine Fürsorgepflicht ins Gedächtnis. Nicht auszu-denken, würde ich am Morgen Tumult auf dem Gang hören, da man Kevins Zimmertür hatte aufgebrochen müssen, nur um ihn leblos aufzufinden. Verhungert. Ein Leben mit ewigem Vor-wurf, dass meine Schokoriegel ihn hätten retten können. Ich schnappte mir also die beiden Dinger und sprintete noch in Uniform über den Flur zu seinem Zimmer.

Unsere Zimmer lagen quasi gegenüber auf einem dreieckigen Plateau, das auch die Fahrstühle einschloss. Zwei Meter vor sei-ner Tür besann ich mich darauf, dass ich lässig gehen müsse und nicht rennen dürfe für den unwahrscheinlichen Fall, dass er gerade jetzt durch den Zimmerspion schauen würde. Ich klopfte an seine Zimmertür und mein Herz pochte mir gegen die Rippen. Es dauerte eine Ewigkeit von etwa drei Sekunden, bis er öffnete. Er war auch noch in Uniform, hatte jedoch die Krawatte schon gelockert und den obersten Hemdknopf geöffnet. Er sah so unglaublich gut aus. Ich sagte ihm, dass ich ihm etwas Schokolade bringen wollte, damit er mir nicht am Ende noch verhungere. Er lachte und bedankte sich dafür, dass ich so aufmerksam sei. Dann folgte eine so vielsagende Stille, dass sich weitere Sekunden zu weiteren Ewigkeiten ausdehnten. Wir blickten uns tief in die Augen. Nein. Ich blickte nicht, ich versank in seinen Augen. Er hat die schönsten Augen. Ein strahlend helles Blau, wenn er mich anlächelt. Ein leichter Grünton, wenn er etwas Grünes trägt. Ein stählernes Grau, wenn er konzentriert ist, ein dunkles Blau, wenn er aufgewühlt ist. Er hat die schönsten Augen, mein Mann.

Ich irrte also durch die Fantasien meines womöglich verliebten oder doch nur sonnengestochenen Geistes und nahezu unbemerkt kamen wir uns in Nanometern ganz langsam näher. Ich bemerkte immer weitere Details in seinem Gesicht. Seine unglaublich langen blonden Wimpern. Die Sommersprossen auf seiner Nase. Darunter eine besonders große, die – wie ich später lernte – ein Leberfleck ist. Ein Leberfleck, den unser Sohn lustigerweise fast auf der gleichen Stelle trägt. Ich spürte bereits die wohlduftende Wärme seines Atems in meinem Gesicht. Wir waren wunderbar verloren im Strudel des Moments, Gefühle wallend, Herzen laut schlagend, Blicke ineinander verschlungen – als sich eine der Fahrstuhltüren öffnete. Heraus kamen polternd und laut plappernd unser Kapitän und unsere Purserette, meine Chefin. Unsere Chefin. Es hätte die Geburtsstunde der Ice Bucket Challenge sein können, so schnell sank die Temperatur von siedend heiß auf unteres Gemüsefach, und ich wurde aus meinem Traum katapultiert. Ich stand im wahrsten Sinne des Wortes stramm und verabschiedete mich höflich und förmlich, lachte meiner Purserette zu und sagte, ich habe noch Notrationen verteilt, ha, ha, huahaaa. Chefin und Kapitän zogen plappernd den Gang hinunter und ich war schon wieder bei meiner Zimmertür angelangt. Ich drehte mich nach Kevin um und erwartete, dass ich nur noch seine geschlossene Zimmertür erblicken würde. Stattdessen blieb mir der Atem weg. Dort stand er. Lässig an den Türrahmen gelehnt. Die Krawatte noch immer locker um den Hals. In seinem Gesicht den Smoulder. Ich werde den Anblick nie vergessen.

Der Smoulder. Diesen Ausdruck haben wir erst Jahre später in dem hinreißenden Film »Rapunzel – neu verföhnt« kennengelernt. »Tangled«, heißt er im Original. Der Held im Film versucht, Rapunzel mit seinem Smoulder zu bezaubern. Der Gesichtsausdruck, der das Gegenüber zum Schmelzen bringen soll. »To smoulder« wird mit »schwelen, glimmen« übersetzt. In meinem Herzen schwelte es nicht nur. Dort entfachte der Anblick Kevins ein loderndes, brüllendes Feuer. Ich weiß heute nicht mehr, wie es mir gelingen konnte in dieser Nacht einzuschlafen, während das Ziel meiner Begierde nur wenige Meter entfernt in seinem Zimmer schlummerte. Ich weiß heute aber sehr gut, wie Kevin in dieser Nacht einschlafen konnte. Wie immer nämlich. Indem sein Kopf sein Kissen berührt. Eine Gnade, um die ich ihn seit jeher beneide.

In der Retrospektive ist es leicht zu erkennen, wann es um mich geschehen war. In der Echtzeit versuchte ich mir noch immer einzureden, dass es nur ein spannender Flirt sein konnte. Sein durfte. Als der nächste Morgen anbrach, ging ich zum Frühstück. Der Tisch, an dem meine Kolleginnen und Kollegen saßen, war bereits voll besetzt. Also entschied ich mich für einen anderen, freien Tisch. Wenig später kam Kevin und leistete mir Gesellschaft. Wie konnte der Tag schöner anfangen? Die Gespräche dieses Morgens sind uns beiden noch immer in guter Erinnerung. Denn wir sprachen an diesem Morgen bereits über wichtige Themen, wie unsere persönlichen Wertvorstellungen und Ziele im Leben. Und über Kinder. »Verrückt«, dachte ich. »Wie kann jemand so klare und tolle Ideen haben?«

Wir lebten erst einmal durch einen weiteren, sonnigen Tag am Strand. Schnorchelten Hand in Hand. Ich wollte ein wenig angeben und tauchte in die Tiefe und holte eine Muschel herauf. Eine kleine Mördermuschel, die vom langen Liegen am Meeresgrund schon ganz abgeschliffen war. Aber wunderschön für uns. Sie war bereits in ihre zwei Hälften zerfallen. Ich schenkte sie Kevin, und er war angemessen gerührt. Der Tag tröpfelte dahin. Wir redeten lange und intensiv oder schwiegen und dösten in der Sonne und stahlen uns heimliche Berührungen, wenn die anderen nicht hinsahen. Dazu fällt mir spontan ein bezauberndes Lied von Rainer Bielfeldt ein, mit den Zeilen: »Wir halten uns nur bei den Augen, wir halten uns nie bei der Hand.«

Am Abend im Hotel passierte es dann aber tatsächlich. Der erste Kuss. Ich weiß überhaupt nicht mehr, wie ich in seinem Zimmer gelandet war. Aber ich weiß noch, wie weich und voll sich seine Lippen anfühlten. Wie sanft seine Haut war. Seine helle Haut. Wie sehr ich sie bewundere. Und wie gesund auch, im Zeitalter von Hautkrebs. Ich mag es auch, wenn im Frühjahr die Frühlingssonne die ersten Krokusse aus der Erde lockt und auf die Haut meines Manns die ersten Sommersprossen zaubert. Also, natürlich hat er immer welche, aber mit zunehmender Sonne werden es immer mehr. Im Gesicht, auf seinen herrlich behaarten Unterarmen, auf seinen wunderschönen Händen, einfach überall. Wir lagen eine Weile beieinander und ich verstand zum ersten Mal, was die Leute meinen, wenn sie sagen: »Ich wünschte, die Zeit stünde still.«

Diesen Gefallen tat sie mir natürlich nicht, die liebe Zeit. Und so flogen wir wenige Stunden darauf nach Hause. Mitten durch die Nacht. Zurück in die Realität. Nichts mehr mit »1001 Nacht«, sondern daheim als Single mit meiner Großmutter, um die ich mich kümmerte. Aus der Traum.

Am Flughafen fand dann das übliche Verabschieden von allen Kolleginnen und Kollegen statt. Wie zu Beginn des Umlaufs gibt man sich die Hand und bedankt sich in der Regel für die gute Zusammenarbeit. Manchmal denkt man dabei allerdings auch: »Hoffentlich sehe ich dich nie wieder.« Ich ging ein Stockwerk tiefer in ein Café und bearbeitete noch dienstliche Papiere. Kevin kam mir nach und setzte sich zu mir. Er gab mir eine Muschelhälfte. Darin lag ein Zettel mit seiner Telefonnummer und unter der Nummer stand: »Ich möchte dich gerne wiedersehen.« Ich schaute ihn unsicher an, und er warf mir einen vielsagenden Blick zu. Wir sprachen noch ein wenig über Belangloses und drückten uns um den Abschied herum. Danach fuhren wir gemeinsam mit der Rolltreppe ins Erdgeschoss. Dort, es war mir ein wenig unangenehm inmitten aller Öffentlichkeit, gab er mir einen zarten Kuss zum Abschied.

Nachdem er gegangen war und ich Richtung Parkhaus lief, horchte ich in mich hinein. Ein wohliges Gefühl. Eine zarte Hoffnung. Und große Zweifel. Einundzwanzig. Keine Ausbildung. Möchte Schauspieler werden. »Eine brotlose Kunst«, hätte mein Großvater gesagt. Und ich? Ich ging auf die vierzig zu. Mein Leben sollte ... ja, was? Stabilität bekommen. Sinnvoll sein. Aber welch schöneren Sinn kann das Leben haben, als von einem anderen Menschen geliebt zu werden? Ein sehr weiser Mann sagte einmal zu mir: »Der Mensch ist nicht dazu geschaffen, allein zu sein.« Wie recht du hast, Dieter.

Er wollte mich also wiedersehen. Er musste an jenem Abend in einer Bar arbeiten, im Englischen Theater in Frankfurt, und ich sehe mich auf meiner Terrasse mit dem Handy in der Hand, als mich seine SMS am Nachmittag erreichte. Ob ich Lust hätte, mit ihm am nächsten Tag ins Theater zu gehen. »Hysteria«, ein Stück über Sigmund Freud. Und wie ich Lust hatte! Und wie aufgeregt ich war. Und wie ich es genoss, mit ihm in dem schnuckligen kleinen Theater zu sitzen, ihm nah zu sein, seine Hand zu halten. Ihn zu berühren, ganz absichtlich und ohne Bedenken ob meiner Verantwortung als sein Vorgesetzter. Oh wunderbares Strohfeuer.

Ganz ähnlich saß ich letztes Jahr – zehn Jahre später – mit meinem Mann in Berlin im Olympiastadion und ließ mich von einem großartigen Konzert der Sängerin Pink überwältigen und spürte das gleiche wohlige Kribbeln bei ihm. Vielleicht heute mit etwas weniger Spannung beim Gedanken daran, was da wohl kommen mag und wie er wohl sein wird. Dafür mit viel mehr Vertrauen und Geborgenheit angesichts dessen, was wir schon gemeinsam geschaffen haben. Und mit Vorfreude auf das, was wir gemeinsam planen. Was noch alles auf unserer »Bucket List« steht, wie man heute so schön sagt.

Nach dem Theaterstück, das damit endete, dass eine junge Dame splitterfasernackt durch den Raum wandelte und »Papa, Papa, Papa« rief – eine Szene, die ich lustigerweise heute öfter mit meiner kleinen Tochter erlebe –, gingen wir essen. Ein kleines nettes Restaurant, welches heute leider schon gar nicht mehr existiert. Wir rauchten damals beide noch. Als wir vor der Tür feierlich dabei waren, unsere Lunge zu ruinieren, schaute er mir mit einem Mal tief in die Augen und sagte: »Du weißt schon, dass ich bis über beide Ohren in dich verliebt bin?!« Wenn es eine Zeitmaschine gäbe, wäre dies einer der Momente in meinem Leben, den ich gerne noch einmal erleben würde. Welches Feuerwerk der Glückshormone, wenn der Mensch, in den du rettungslos verliebt bist, das Gleiche erwidert. Was auf Erden kann schöner sein? Mir fallen nur Leberknödel ein. Und der Nudelsalat meiner Mutter. Und die Curry-Tofu-Pfanne meines Mannes. Erwähnte ich bereits, dass ich gerne esse? Aber ernsthaft. Es war ein so wundervoll brennendes Gefühl, das seine Steigerung nur noch in der folgenden gemeinsamen Nacht fand. Am Morgen darauf lagen wir im zerwühlten Bett und Kevin erzählte beiläufig, dass er schon seiner Mutter von mir erzählt habe.

»Alles?«, fragte ich.

»Ja klar.«

»Wirklich alles, also auch, wie alt ich bin?«, hakte ich nach.

»Ja. Und sie sagt, sie freut sich für mich, dass ich so glücklich bin.«

Dafür werde ich meiner Schwiegermutter auf ewig dankbar sein. Und ich hoffe, ich werde meinen Kindern ihren Weg ebenso leicht machen, wenn der Tag kommt, an dem sie sich verlieben.

4
Unser Kinderwunsch

Eine tief verwurzelte Sehnsucht

René

Kinder – es gibt wenige Wörter, die in unseren Köpfen sofort so viele Bilder, Gedanken und Emotionen auslösen. Und
gleichzeitig so unterschiedliche. Kinder zu haben – das weiß
ich heute – ist eine Erfahrung, die ein Leben grundlegend verändert. Und auch die Menschen. Und diese Veränderung wird
sehr unterschiedlich erlebt, von außen wie von innen.

Ich gehörte lange Zeit zur Gruppe der Kinderlosen. Und ich
war mir auch sehr sicher, dass ich nie welche haben würde. Ich
fühlte mich deshalb nicht schlecht. Ich vermisste auch nichts.
Anfangs zumindest. Mir war klar, dass ich die Geschöpfe, die
meine liebe Schwester zur Welt bringen würde, ein wenig auch

als meine Kinder ansehen würde. Ich erinnere mich noch genau an den Moment, als ich erfuhr, dass ich Onkel werden würde. Es war ein lauer Frühsommertag und ich ging meine Mutter besuchen. Meine Schwester war auch da. Sie saß in einem Lehnstuhl auf der Terrasse, und als ich sie zur Begrüßung umarmte, drückte sie mich so fest, als wollte sie mich nicht mehr loslassen. Dann flüsterte sie mir ins Ohr: »Ich bin schwanger.«

Ich brach in Tränen aus. Ein Gefühl der überschwänglichen Freude überwältigte mich. Und auch ein Gefühl der Erleichterung. Endlich würde diese Familie Nachkommen haben. Ein altmodischer Gedanke, aber ein intensiver, denn ich war mit einem sehr ausgeprägten Verständnis für Familie aufgewachsen. Unser Erbgut würde weitergegeben werden.

Mein Neffe Justin kam im Januar 1999 zur Welt. Es gab leichte Komplikationen. Er hatte einen Klumpfuß. Unter dem Begriff Klumpfuß werden verschiedene Deformierungen der Füße zusammengefasst. Seiner war nach innen gedreht und musste bald operiert werden, um die Fußstellung zu korrigieren. Aber wie unwichtig war das. Er war endlich da, der kleine Schatz. Das Glück der ganzen Familie. Die stolzen Urgroßeltern, die stolzen Großeltern und natürlich die vor Mutterliebe triefende Mama, meine Schwester. Okay, mein Schwager war auch noch da. Aber Väter spielen beim Gedanken an Kinder irgendwie oftmals eine untergeordnete Rolle. Nicht wahr? Nicht wahr! Nicht *mehr* wahr. Mein Schwager war aber eher der klassische Vater. Überbordender Stolz gepaart mit unpraktischen Ansätzen und eingeschränkter Ausdauer. Und Ausdauer braucht es, wenn man Kinder in sein Leben lässt. Gott sei Dank war meine Schwester mit einem schier unerschöpflichen Vorrat ausgestattet.

Ich war nun also Onkel. Das ist eine tolle Rolle! Wann immer der kleine Sonnenschein übel roch oder irgendetwas ausschied, konnte ich ihn getrost der »Fachfrau« übergeben. Man wollte ja schließlich nichts falsch machen. Es war schön, das kleine Wunder zu beobachten und sich nicht ständig kümmern zu müssen. Man sitzt ja als Onkel in der zweiten Reihe und hat die Gelassenheit und den Blick auf die Tatsachen, der den eigenen Eltern durch die emotionale Nähe verwehrt wird. Und: Man weiß alles besser. Welch ein monumentaler Irrtum. Man glaubt wirklich, die eigenen Eltern seien zu verklärt, um wirklich zu sehen, was ihre eigenen Kinder brauchen.

Ironischerweise kommt es auch ausgerechnet dann zu Situationen, in denen wir die Bedürfnisse unserer Kinder übersehen, wenn jemand »besonders Schlaues« in der Nähe ist. Vorzugsweise eine Schwiegermutter, sprich Oma, die ja schon aufgrund ihrer Lebenserfahrung alles besser wissen muss. Oder die beste Freundin. Oder genau die eine Mutter eines anderen Kindes aus dem Kindergarten, die man ohnehin nicht leiden kann. Die eh immer so komisch schaut. Oder eben der Onkel. Der weiß es halt auch besser. Ganz sicher.

Neue Szene. Abendessen. Justin ist eineinhalb. Es gibt Brot. Mit liebevoller Stimme wird gefragt: »Magst du ein Salamibrot?« Justin nickt. Das Brot wird geschmiert, in Reiterchen geteilt, serviert. Und nach nur einem Happen verschmäht. »Oh, mein Schatz, magst du doch lieber ein Käsebrot?« Also wird das Salamibrot entfernt und dem Vater auf den Teller gelegt – das ist mittlerweile eine seiner wichtigsten Rollen, die Verwertung unerwünschter Speisereste. Der kleine Schatz bekommt nun also sein Käsebrot, wieder liebevoll kleingeschnitten. Aber, oh weh.

Auch hier vergeht nach einem Happen der Appetit. Verzweifelte Blicke aller Anwesenden. Die Welt scheint dem Untergang nah. Aber sie kann gerettet werden. Nutella heißt die Lösung.

»Wie jetzt, zum Abendbrot?«, kommt mein empörter Einwurf. Aber was weiß der Onkel schon? Alles natürlich. Und vor allem: Alles besser! Wie kann meine Expertise nur so schmählich ignoriert werden? Ich bin entrüstet. Aber das sind wir Kinderlosen ja gerne.

Meine Schwester und mich sollte mein Besserwissen kurze Zeit später an den Rand des friedlichen Miteinanders führen. »Es ist schließlich mein Kind!«, ist der entscheidende Satz, der das umfängliche Angebot meines ganz persönlichen Erziehungslexikons in die hinterste Ecke ihrer privaten Bibliothek verbannt. Und meine Schwester und mich zu einem langen Jahr minimalen Austauschs bringt. Stur? Wer, ich? Quatsch.

Ist der Kinderwunsch also nur ein ureigener, biologischer Trieb? So ganz naturgegeben? Mein Dauerbrenner war der Satz: »Klar wollen Kevin und ich Kinder. Wir üben ja auch wie die Wilden. Aber es kommt irgendwie nichts dabei heraus.« Schenkelklopfer. Auch Schwule können geistlose Witze machen. Aber ich fragte mich schon immer mal wieder, woher der Kinderwunsch kam, den ich zeit meines Lebens deutlich spürte. Ist es unser aller Bestimmung, uns fortzupflanzen und uns die Erde untertan zu machen? Oder machten uns das nur Vertreter aller Religionen lange genug glauben? »Seid furchtbar und wehret euch.« So ähnlich hieß das doch, oder?

Wie war es nun also bei uns? Bis vor wenigen Jahren war es eine Tatsache, dass Homosexualität bei Männern mit Kinderlosigkeit einherging. Wenn man mal von den »Spätzündern«

absieht, die sich erst in eine *normale* Beziehung zwängten und dann später feststellten, dass Männer besser passen. Auch unter diesen finden sich großartige Väter, wie mein lieber Freund Jens mich gelehrt hat. Ich fand natürlich auch meine ganz persönliche Erklärung: Mein Großvater hat seine Frau mit zwei kleinen Kindern verlassen. Mein Vater hat seine Frau mit zwei kleinen Kindern verlassen. Da dachte Mutter Natur wohl: »Das lassen wir bei dem Jungen dann mal lieber bleiben.« Diese Erklärung brachte mir auch oft ein freundliches Schmunzeln meiner Zuhörer ein und stimmte mich lange Zeit versöhnlich. Aber wirklich ruhen ließ mich das Thema nicht.

An meinem dreißigsten Geburtstag sagte meine Mutter zu mir: »Wenn du wirklich Kinder haben willst, dann mach mal hin. Ich bin noch fit genug und kann mich kümmern, wenn du fliegen bist.« Sie meinte es todernst, und ich bin ihr noch heute dankbar für dieses Anerkennen meines Kinderwunsches. Für die Unterstützung und dafür, dass sie meine Person und meine Persönlichkeit so genau wahrgenommen hat. Ich hatte damals nicht den passenden Partner und fühlte mich selbst noch viel zu unreif, um Vater zu werden. Die Vernunft siegte also über die Sehnsucht nach eigenem Nachwuchs.

Es gingen weitere acht Jahre ins Land, ehe ich Kevin traf. Aber, hey, wer hat denn mit einem verträumten und mittellosen Schauspieler Kinder? Ich.

Schon sehr früh sprach Kevin davon, dass er gerne Kinder hätte. Auch bei ihm gab es eine tief verwurzelte Sehnsucht und beide schauten wir auf eine sehr glückliche Kindheit zurück. Beide hatten wir auch das Zerbrechen unserer Familien erlebt und die Trennung unserer Eltern. Aber das Glück der eigenen

Kindheit wog deutlich schwerer. Beide hatten wir liebevolle Mütter, die uns so viel gegeben und dabei selbst auf so vieles verzichtet hatten. Wir spürten in uns so vieles, das wir weitergeben wollten. So viel gefühlte Liebe zwischen uns beiden, dass sie den Topf unseres Beziehungsglücks zum Überlaufen brachte. Liebe, die geteilt werden wollte.

Nachdem die ersten vier Jahre leidenschaftlichen Strohfeuers verzogen waren und unser Leben und unsere Beziehung mehr und mehr Tiefe erfuhren, kamen sie. Die Morgen, an denen wir im Bett lagen. Ausgeschlafen. Gott, würde ich mich an dieses Gefühl gerne erinnern können. Das Ausgeschlafensein, meine ich. Wir lagen also im Bett und Kevin sagte: »Kannst du dir das vorstellen? Kleine Kinderfüßchen, die jetzt in unser Schlafzimmer trappeln? Kleine Händchen, die sich ausstrecken. Verschmitzte Augen, die sagen: ›Nun heb mich endlich hoch!‹« Wir seufzten und hielten uns gegenseitig im Arm. Und fühlten uns nah in unserem gemeinsamen Wunsch.

So wurde er immer wirklicher, lebendiger, aufdringlicher, der Gedanke, dass wirklich einmal Kinder in unserem Haus herumtoben könnten. Aber wie das Ganze anstellen? Über eine Leihmutterschaft? Diese Idee fanden wir damals moralisch verwerflich. Obwohl der Wunsch, mein eigenes Erbgut weiterzugeben, immer noch vorhanden war. Wir sind stets bemüht, andere und ihr Tun nicht zu bewerten. Aber einer Frau das Kind wegzunehmen, das sie ausgetragen hat? Es ihr zu entreißen? Ich habe meine Ansicht dazu teilweise korrigieren können. Ich weiß mittlerweile, dass die Leihmutter ein Kind austrägt, das nicht aus ihrer eigenen Eizelle entstanden ist. Dadurch mag es der Schwangeren leichter fallen, sich »nur« als Trägerin und Beschützerin zu fühlen. Vielleicht ist es ein wenig wie eine Erzieherin oder eine Lehrerin, die ein Kind lange begleitet, um es eines Tages abgeben zu müssen und es nie wiederzusehen. Aber es gibt eben auch die Geschichten derer, die es aus Not tun. Und es bleibt die Tatsache, dass ein sehr lukratives Geschäft daraus gemacht wird. Kinderwunsch als Handelsware? Das finde ich immer noch schwierig. Die Entscheidung wurde uns aber auf ganz anderer Ebene abgenommen. Wir hätten das Geld gar nicht gehabt. Wir reden hier von sechsstelligen Beträgen. Irre.

Eine Auslandsadoption kam ebenso wenig infrage. Auch hier verlangen die Agenturen unglaubliche Summen und in vielen Ländern wären wir als Männerpaar überhaupt nicht akzeptiert worden. Ich bin als Flugbegleiter häufig nach Guangzhou in China geflogen. Dort habe ich erlebt, wie Horden amerikanischer Paare eingeflogen wurden, um chinesische Kinder im Alter von ein bis drei Jahren mitzunehmen. Kinder, die völlig überfordert, teils panisch, teils apathisch abtransportiert wurden, auf in ein neues, großartiges Leben. Ich versuchte, nicht zu urteilen. Auch hier waren viele Menschen mit einem tiefen Kinderwunsch unterwegs, die viele missglückte Versuche hinter sich haben mochten. Aber es wirkte auf mich dennoch wie ein Basar, auf dem die Ware Kind wohlfeil geboten wird. Das fühlte sich sehr befremdlich an.

Was also kam für uns infrage? Ich sehe uns in einem Restaurant in Wiesbaden sitzen. Wir sind über ein Handy gebeugt und schauen uns Berichte über Kinderheime in der Ukraine an. Aber auch dort möchte man keine zwei Väter als Eltern. Die Bilder, die wir gesehen hatten, hingen uns lange nach. Alleingelassene Kinder mit traurigen Augen und noch traurigeren

Schicksalen. Ich kann für mich bestimmen, dass ich an diesem Tag zum ersten Mal wirklich spürte, dass wir von einer realen Entscheidung sprachen. Dass es wahr werden könnte, unser Leben mit Kindern.

Es dauerte aber noch ein halbes Jahr, bis der Tag kam, an dem wir uns wirklich sicher waren. Kevin fragte mich: »Magst du eigentlich noch Kinder haben? Kannst du dir das wirklich, wirklich vorstellen, mit mir Kinder zu haben?« Ich musste nicht lange nachdenken, und dennoch war es keine leichte Entscheidung, denn sie betraf mehrere Leben, nicht nur meins. »Ja, das kann ich. Wirklich, wirklich.«

»Fein. Wir haben nämlich nächste Woche einen Termin im Jugendamt für ein Informationsgespräch.«

Ich war nur kurz überrascht, aber nicht wirklich verwundert oder überfahren. Nein, es fühlte sich richtig an. Es fühlte sich nach unserem Weg an. Gleichwohl kribbelte es in meinem ganzen Körper, und die Aufregung wuchs und wuchs mit jedem Tag.

Ich glaube nach wie vor, dass der Wunsch, Kinder zu haben, in vielen von uns tief verwurzelt ist. Auch bei mir als schwulem Mann. Es ist keine Modeerscheinung für gelangweilte Homosexuelle oder einfach nur die nächste »Wir wollen aber auch«-Bewegung, nachdem wir nun auch endlich heiraten dürfen. Es ist für mich schon durchaus eine Fortführung meines Familiengedankens und damit auch eine Stärkung meines Glaubens an die Ehe als beständige Gemeinschaft, auf der sich noch mehr aufbauen lässt, auch wenn es viele Entbehrungen mit sich bringt. Klingt das jetzt sehr konservativ, vor allem aus dem Mund eines Schwulen? Herrje, ich hoffe, ich bekomme jetzt keinen Mitgliedschaftsantrag von der CDU zugeschickt.

Es mag viele nachvollziehbare Gründe geben, weshalb frau oder man sich gegen Kinder entscheidet. Ich glaube auch nicht, dass meine Großeltern sechzig Jahre lang nur glücklich waren. Aber sind wir in unserer modernen Gesellschaft von Individualisten wirklich glücklicher? Es kommt irgendwann der Punkt, an dem man feststellt, dass einige Dinge im Leben nicht mehr möglich sind. Verpasst, vergangen, und das unwiederbringlich. Mir begegnen immer wieder Menschen, die Reue und Wehmut empfinden ob der verpassten Gelegenheiten. Auch ob der verpassten Gelegenheit, Kinder und eine Familie zu haben.

Meine Kindergartentante, so nannten wir liebevoll unsere Erzieherinnen in meiner Kindergartenzeit, stand neulich an der Bushaltestelle. Ich hatte sie viele Jahre nicht gesehen und ich freute mich aufrichtig. Ich eilte zu ihr hin und stellte ihr Kevin vor. Wir erzählten mit stolzgeschwellter Brust von unseren beiden Kindern und sie freute sich sichtlich für uns. Dann überraschte sie uns mit einem sehr offenen Einblick in ihr Privatleben. »Ich bin nun siebzig Jahre alt. Und ich bin allein. Das ist schon nicht immer einfach. Darüber hat man ja früher irgendwie nie nachgedacht. Und nun ist es so. Aber es hat ja auch seine Vorteile. Ich komme jetzt nach Hause und muss nichts machen. Nicht für irgendjemanden kochen. Nicht aufräumen. Ich kann mir einfach nur eine Serie anschauen.«

Ein Blick von Kevin genügte, und ich wusste, mein wunderbarer Mann würde später vorschlagen, dass wir sie bald zum Kaffee einladen sollten.

Ist ein Leben ohne Kinder etwa nicht lebenswert? Niemals würde ich es wagen, das zu behaupten. Aber eines kann ich ganz sicher sagen: *Mein* Leben möchte ich mir nicht mehr ohne Kinder vorstellen. Sie sind die logische Fortführung all dessen, was mein Leben mir beschert hat. All des Guten, das mir widerfahren ist, in allen Phasen meines Lebens. Es würde ohne meine Kinder irgendwann verblassen. Stattdessen wird etwas davon weitergegeben. Und hoffentlich mit neuen Glücksmomenten angereichert, vermehrt, kumuliert und ja, vielleicht irgendwann an die nächste Generation weitergegeben. Wenn meine Kinder sich Kinder auch so sehr wünschen, wie ich es getan habe.

5
Zwei Männer wollen eine Familie gründen

Wie geht das?

Kevin

»AUFSTEHEN!«, rufen Kinderstimmen am Sonntagmorgen und springen mit Anlauf in unser frisch bezogenes Bett. Nackte, kalte, kleine Käsefüße pressen sich an unsere warmen Beine und scheuchen den letzten Rest Schlaf aus unseren Körpern. Zwei freudestrahlende Väter, die sich freuen, sonntags nicht mehr ausschlafen zu können.

Und ob ich mir ein Leben mit Kindern vorstellen konnte, wenn auch die Realität sicher nicht nur wie in meiner Vorstellung ist. Den Wunsch, Familie mit Kindern zu leben, hatten wir von Beginn an in unserer Beziehung, ohne es offen auszusprechen. Wenn wir bei Freunden ein Kind an der Hand oder auf dem Arm hatten, sahen wir einander an, und ich konnte in Renés Augen die gleichen aufgeregten Gedanken und Gefühle sehen, die auch ich spürte. Ich hatte jedes Mal Tränen in den Augen, wenn ich René so sah. Da war diese Wärme und dieser Wunsch, Geborgenheit und Liebe weiterzugeben.

Als René und ich uns ein halbes Jahr kannten, nahm ich ihn mit zur Konfirmation meiner Cousine. Ich weiß noch, wie wir auf der dunkelbraunen unbequemen Holzbank in der Kirche nebeneinandersaßen. Gemeinsam mit der Familie warteten wir darauf, dass der Gottesdienst begann. Freudiges Gemurmel und aufgeregtes Gewusel in der Kirche, während alle einen Platz suchten. Oder die Kinder rannten hin und her und hüpften von einem Platz auf den nächsten. Wie der Pflegesohn meines Vaters, der auf meinen Schoß kam und sich ganz selbstverständlich an mich kuschelte, obwohl wir uns selten sahen und er noch nicht lange bei meinem Vater lebte. René schaute mich so stolz und verliebt an. Ich sah in seinen Augen aufgeregtes Funkeln und ich wusste, auch er konnte sich eine Zukunft mit Kindern vorstellen. Hand in Hand durch die Stadt schlendernd, im Bett kuschelnd und auf dem Sofa ein Buch lesend. In der kalten, mit abgestandener Luft gefüllten Kirche wurde dieser bis dahin noch ferne Wunsch plötzlich ganz nah spürbar. Wir mussten nicht lange darüber diskutieren, ob wir uns ein Leben mit Kindern vorstellen konnten, wir wussten es längst.

Viel interessanter und wichtiger sollte die Frage werden, *wie* wir Kinder bekommen wollten, denn, nun ja, so viel Mühe wir uns auch gaben, miteinander konnten wir keine Kinder zeugen.

Also machten wir uns Gedanken darüber, welche Möglichkeiten es für uns gab, eine Familie zu werden.

Eins war uns ganz klar: Wir wollten auf keinen Fall Pflegekinder. Mein Vater hatte noch einmal geheiratet und mit seiner
zweiten Frau zwei Pflegekinder aufgenommen. Wir bekamen
all die nicht so schönen Seiten mit: der nicht stattfindende Besuchskontakt, das Ablehnen des Kindes durch seine leibliche
Mutter und das damit verbundene Leid. Zudem kam, dass
der Pflegesohn schon älter war und sehr viele der Probleme in
seiner Herkunftsfamilie mitbekommen hatte. Das führte zu
immer wiederkehrenden emotionalen Ausbrüchen des Kindes.
Natürlich ging das auch nicht spurlos an meinem Vater und an
seiner Frau vorbei. Durch diese Erlebnisse waren wir uns der
Herausforderungen, die eine Pflegefamilie mit sich bringt, sehr
bewusst. Das wollten wir nicht. Sosehr dieser kleine Kerl, der
sich in der Kirche auf meinen Schoß gesetzt hatte, auch unsere
Herzen erweicht hatte, wir wollten nicht den riesigen Aufwand
auf uns nehmen, der mit der Aufnahme eines Pflegekindes
einhergeht. Der ständige Kontakt zum Jugendamt, die Vor-
belastungen oder die Traumata, die Pflegekinder haben können.
René hatte bei Arbeitskollegen den langen und unsicheren Weg
zur endgültigen Entscheidung, bis das Pflegekind dauerhaft in
der Familie bleiben durfte, mitverfolgt. Wir hatten Angst, dass
uns ein Kind wieder verlassen müsste, weil es in seine leibliche
Familie zurückgeführt werden würde. Diese ständige Unsicherheit im ohnehin schon turbulenten Familienalltag zu haben,
stellte ich mir sehr zermürbend und aufreibend vor. Ständig sitzt
das Jugendamt gefühlt mit im Wohnzimmer, entschiedet und
bestimmt mit. Oder das Kind muss wieder hergeben werden.

Wir würden also das weibliche Geschlecht brauchen, um eigene Kinder zu zeugen. Aber Moment mal, das klang seltsam und befremdlich. Nicht, weil ich schwul bin und mir dieses natürliche Wunder unangenehm wäre, ganz und gar nicht. Aber homosexuell zu sein bedeutet nun mal, dass zwei Männer oder zwei Frauen sich lieben. Einen Mann zu lieben, aber eine Frau zu suchen und mit ihr ein Kind zeugen, um wiederum mit meinem Mann diese aufziehen zu können – wie sollte das gehen? Ich wollte doch mit meinem Mann Familie sein und nicht eine Frau in unsere Mitte holen, um Kinder haben zu können. Wie wäre das dann überhaupt? Würden wir uns das Sorgerecht teilen? Würden wir alle unter einem Dach wohnen? Dieses Familienmodell gibt es, es nennt sich Co-Parenting. Es ist eine liberale Familienform, aber für uns fühlte sie sich irgendwie komisch an und passte emotional nicht.

Wir müssten also eine Frau finden, die uns ihr Kind dann komplett »überlässt«? Geht das?

Ja, das geht, allerdings ist es in Deutschland verboten. Diese Möglichkeit funktioniert über die sogenannte Leihmutterschaft. Einer Frau wird eine befruchtete Eizelle eingesetzt, und sie trägt das Kind dann aus. Wir zahlen also einer Frau Geld dafür, dass wir ihr hinterher das Kind wegnehmen?

In Amerika gibt es mittlerweile ganz professionelle Agenturen. Diese achten darauf, dass die Frau nicht finanziell von der Leihmutterschaft abhängig ist. Auch sind zwei Frauen beteiligt, eine spendet ihr Ei und die andere trägt es aus. Weniger Verbundenheit, weniger Emotionalität. So die Theorie. Vorstellen konnten wir uns das aber auch nicht so recht. Vor allem auch nicht finanziell, denn mit hundertfünfzigtausend Euro muss man bei dieser Variante schon rechnen. Keine Ahnung, ob wir anders entschieden hätten, wenn wir das Geld gehabt hätten.

Puh, da haben es lesbische Paare einfacher. Zumindest in der Theorie, denn sie suchen sich einen Spender und gehen zum Beispiel in die Kinderwunschklinik. Aber bestimmt ist auch das nicht wirklich einfach.

Wir würden also kein leibliches Kind bekommen. Sobald er sich gefestigt hatte, fühlte sich dieser Gedanke nicht so schlimm an, wie ich erwartet hatte. Vielleicht lag es daran, dass ich nach meinem Outing mit dem Gedanken an leibliche Kinder in gewisser Weise abgeschlossen hatte. Ich rechnete gar nicht damit, jemals Papa genannt zu werden. Meine beste Freundin und ich schlossen zwar einen Pakt, dass wir gemeinsam Kinder bekämen, sollte sie bis dreißig keinen passenden Partner haben. Davon war aber realistischerweise überhaupt nicht auszugehen.

René und ich schauten uns eine weitere Möglichkeit an, Kinder zu bekommen: Adoption. Zu der Zeit, als wir uns mit diesem Thema auseinandersetzten, gab es die »Ehe für alle« noch nicht. Und damit fehlte die Gleichstellung homosexueller Paare beim Adoptionsrecht, sie stellte die letzte rechtliche Angleichung zur regulären Ehe dar. Wir hätten vor dem Gesetz als Single gegolten. Ich war Mitte zwanzig, mein Mann Anfang vierzig, ich zu unvermögend, René zu alt. Beide keine Traumkandidaten in den Augen des Jugendamtes. Schönen Dank auch.

»Aber Sie könnten es doch mit der Auslandsadoption versuchen«, wurde mir am Telefon von einer sehr freundlich klingenden Dame mitgeteilt, »die suchen immer händeringend nach Eltern. In Deutschland gibt es ja auch kaum zu vermittelnde Kinder.«

Wieso nicht? Ich recherchierte von Neuem. Doch eine Auslandsadoption stelle sich fast so herausfordernd dar wie eine Leihmutterschaft. Zumindest was den finanziellen und zeitlichen Umfang betrifft. In manchen Ländern müssen die Adoptierenden mehrere Wochen im Land bleiben, um die nötigen Papiere für das Kind zu erhalten. Diese Freistellung müssten wir überhaupt erst von unserem Arbeitgeber genehmigt bekommen oder einer von uns sogar seine Anstellung kündigen. Zu den ohnehin hohen Verfahrenskosten der Adoption käme dann noch der Gehaltsausfall. Alles in allem klang auch dieser Weg, je mehr ich darüber las, schwer machbar. Außerdem war und ist es heute noch eine Herausforderung, ein Land zu finden, in dem es überhaupt erlaubt ist, als homosexuelles Paar Kinder zu adoptieren.

Am Ende hatten wir so viele Möglichkeiten durchgedacht und recherchiert und nichts gefunden. Also keine Kinder? Dabei sah ich uns doch abends im Bett liegen, aneinandergekuschelt, eine Geschichte lesend und dann noch ein bis zehn Gute-Nacht-Lieder singend. Ich konnte das so deutlich sehen, es mit ganzem Herzen fühlen, und es war schwer zu akzeptieren, dass wir jetzt mit dem Kinderwunsch abschließen sollten.

Als ich wirklich verstand, dass wir diesen lebensverändernden Wunsch nicht leben würden, ließ diese Erkenntnis alles andere verblassen. Hätte ich meine Schauspielkarriere und jedes Hochgefühl nach einer gelungenen Theateraufführung gegen Kinder eintauschen können, ich hätte es getan. Dennoch sahen wir beide das große Glück in unserer Liebe zueinander und hatten genug Träume, um zehn Leben zu füllen. Ich hoffte, mit etwas

Zeit würden wir uns damit abfinden, keine eigenen Kinder in unserem Leben zu haben, und würden auch so glücklich und erfüllt sein. Aber jedes Mal, wenn ich Kinder sah, keimte der Wunsch wieder in mir auf. Die Sehnsucht nach eigenen Kindern ließ mich nicht los. So ging ich noch einmal im Kopf die Liste der Optionen durch. Welche gab es und welche hatten wir ausgeschlossen?

Mir wurde warm und kalt zugleich, da ich genau wusste, warum wir uns gegen diesen Weg entschieden hatten und doch genau dieser unsere letzte Möglichkeit war: Pflegekinder. Die Pflegefamilie meines Vaters war nur ein Beispiel, das wir kannten. Und in den Medien hörte ich von den Kindern, die am Ende schwer erziehbar im Heim landeten. Doch wie sagt René immer, wenn ich mal wieder dem Strom folge: »Fresst Scheiße, Millionen Fliegen können sich nicht irren.«

»Ich rufe da jetzt an«, dachte ich also in meinem jugendlichen Leichtsinn und schob alle Bedenken ob der Konsequenzen, die nach diesem Telefonat auf uns zukommen würden, beiseite. Ich griff zum Telefon und wählte die Nummer des Jugendamtes.

»Kommen Sie doch einfach mal bei uns vorbei«, hieß es ganz knapp und einfach.

Als ich aufgelegt und mich gesammelt hatte, rannte ich die Treppen zu René hoch und sagte: »Schaaaatz?« Ich zog das Wort extra in die Länge, um ihn darauf vorzubereiten, dass ich mal wieder eine großartige Idee hatte.

»Was ist?«, fragte René und ich hörte die Sorge in seiner Stimme.

Ich mochte schon immer dramatische Auftritte. Vielleicht ein Grund, warum ich Schauspieler geworden bin. »Magst du eigentlich noch Kinder haben? Kannst du dir das wirklich, wirklich vorstellen, mit mir Kinder zu haben?«

»Ja, das kann ich. Wirklich, wirklich«, sagte er.

»Fein. Wir haben nächste Woche ein Informationsgespräch beim Jugendamt«, gab ich zurück.

Auch wenn mein Mann zunächst etwas überfahren wirkte, wie so oft, wenn ich eine neue Idee habe, ließ er sich darauf ein. »Gut, dann machen wir das«, sagte er.

6
Ehe für alle

Das Versprechen, immer füreinander da zu sein

René

Als mein Mann mich fragte, ob wir gemeinsam ein Buch schreiben wollen, schaute ich ihn mit großen Augen an. »Worüber sollen wir denn schreiben?«, fragte ich. Sein Lächeln war eine Mischung aus seinem Smoulder und einer diebischen Freude, wie ein kleiner Junge, der Geburtstag, Ostern und Weihnachten an einem Tag erlebt, und er sagte: »Über uns natürlich!«

»Über uns? Wer will das denn lesen?«, entgegnete ich.

»Was glaubst du denn, weshalb ich auf Instagram siebzigtausend Follower habe? Sicher nicht, weil wir nichts zu erzählen hätten«, erwiderte er.

Mein Mann ist ja öfter mal für eine Überraschung gut. Aber diesmal hatte er mich eiskalt erwischt. Gleichwohl wusste er, dass er mich mit der Idee sehr gut ködern konnte. Denn ich schreibe für mein Leben gern. Von einem Buch hatte ich schon immer geträumt. Allerdings hatte ich da an einen kolossalen Fantasy-Epos gedacht. Oder an etwas Humorvolles, etwas, um im ernsten Alltag ein wenig zu lachen und abzuschalten. Ich sah mich auf einem Bauernhof in meinem kleinen, gemütlich ausgebauten Dachzimmer mit Holzboden und einer kleinen durchgesessenen Couch in der Ecke, Stapeln von Büchern und einem abgenutzten, verschrammten Schreibtisch, welcher vor dem Fenster oder noch besser der Flügeltür zum kleinen Balkon stand, mit Blick auf grüne Wiesen und Wälder. Dort würde meine kleine Schreibmaschine stehen, an der ich in jeder freien Minute tippen würde, die Lesebrille auf dem Nasenrücken nach unten gerutscht. »Wie bei Dumbledore«, sagt mein Mann immer, wenn er mich mit der Brille so sieht. Nun ja. Wir haben bis heute keinen Bauernhof und auf einer Schreibmaschine würde ich wohl heute auch nicht mehr schreiben. Stattdessen habe ich mein Laptop lieben gelernt. Kurzum: Er wusste, er zapft mit seiner Buchidee bei mir eine schlummernde Leidenschaft an.

Ich stellte mir trotzdem ernsthaft die Frage, weshalb sich jemand für unsere Geschichte interessieren sollte. Wir waren doch nichts Besonderes, oder doch? Zugegebenermaßen kenne ich auch nicht wirklich viele Männerpaare wie uns, die Kinder haben. Oder Frauenpaare. Und ja, der Weg dorthin ist nicht der, den man gemeinhin so kennt. Ich kam ins Grübeln und musste schmunzeln. Denn die nackte Wahrheit ist, dass ich ja nicht einmal heiraten wollte. »Heiraten? Einen Mann? Was soll denn der Scheiß«?, dachte ich früher.

Ich bin in den Siebzigern geboren. Da hat ein Mann noch eine Frau geheiratet, wie sich das gehört. Als ich mich dann in den Neunzigern als schwuler Mann emanzipiert hatte, empfand ich die ersten Bestrebungen im Ausland nach gleichgeschlechtlicher Ehe völlig unangebracht. Ich empfand es wie billige Nachmacherei. Als hätten wir der heterosexuellen Gesellschaft etwas nachzueifern oder gar etwas zu beweisen. Eine Eheurkunde, um zu bescheinigen, dass unsere Liebe auch etwas wert sei? Himmel, Paragraph 175 des Deutschen Strafgesetzbuches, der sexuelle Handlungen zwischen Personen männlichen Geschlechts unter Strafe stellte, war gerade mal am 11. Juni 1994 abgeschafft worden! Ich hatte also mit Anfang zwanzig sogar noch illegalen Sex. Ich war damals noch sehr leidenschaftlich und rebellisch, was politische Themen anging. In meinem Hinterkopf war aber auch noch das Bild der Familie mit Frau und Kindern verhaftet. Das gehörte für mich zusammen. Und auf der anderen Seite war ich selbst Scheidungskind und kannte nur wenige Ehen, die Jahrzehnte überstanden hatten.

Ich hielt die Ehe eher für einen Romantikkiller. Wenn aus dem »Und sie lebten glücklich bis an ihr Lebensende« die Zeit wurde, in der die Prinzessin den Prinzen mit ihrem Kreischen ob der neuen Schuhlieferung in den Wahnsinn treibt und der Prinz den ganzen Tag am Handy klebt, um Fußballmanager zu spielen. Oder Candy Crush. Oder ich sah immer das Bild der Ehepaare vor mir, die im Urlaub in einem romantischen Restaurant nebeneinandersitzen und die vorbeigehenden Menschen beobachten und nicht miteinander sprechen. Also so gar nicht mehr miteinander sprechen. Sich nichts mehr zu sagen haben. Horror. Nein, Ehe war nichts für mich. Punkt.

Ich war mit Kevin gerade mal ein knappes Jahr zusammen, als das Thema Ehe zum ersten Mal auf den Tisch kam. Wir waren zusammengezogen und lebten ein harmonisches, wenngleich aufregendes und sehr angefülltes und erfülltes Leben. Es war alles in bester Ordnung. Es war auch eher ein harmloses Gespräch und wir plauderten so über die Zukunft im Allgemeinen und bestimmte Pläne im Einzelnen. Kevin fragte mich dabei dann irgendwann, ob ich mir denn vorstellen könnte zu heiraten. Ich warf den Kopf in den Nacken, lachte lauthals und fragte: »Wie kommst du denn auf so eine blöde Idee?« Das Lachen blieb mir allerdings im Halse stecken, als ich in sein Gesicht sah. Ich erkannte, dass er es todernst meinte. Und ich kannte diesen Blick, der seine Entschlossenheit zum Ausdruck bringt, wie ein Fels in der Brandung, an dem sich die Gezeiten Tag und Nacht abarbeiten. Ein leichter Schauder lief mir über den Rücken, und ich dachte nur: »Eiwei.« Er aber wandte sich enttäuscht ab und für mich war das Thema damit erst einmal vom Tisch. Es würde mir sehr lange nicht im Traum einfallen, wieder daran zu denken.

Wir lebten weitere schöne Jahre miteinander, in denen wir das Leben genossen und alles einfach so bleiben durfte, wie es war. Er machte seine Schauspielausbildung, ich eröffnete einen Unterwäscheladen für Herren in Berlin und arbeitete weiter als Flugbegleiter. Er spielte in Musicals und Theaterstücken und drehte nebenher Werbespots, ich arbeitete als Aktmodell in der Städelschule und fotografierte in meiner Freizeit. Wir schafften uns Hühner an und zogen unser Gemüse im Garten, grillten mit Freunden, machten Ausflüge mit der Familie. Kurzum: Wir machten, was alle Paare so machen, und genossen unser Leben in vollen Zügen.

Als unser Kennenlernen sich zum dritten Mal jähren sollte, dachte ich, ich möchte meinem Freund eine Freude bereiten. Ich mochte keinen Schmuck und plante auch nicht, selbst welchen zu tragen. Ich dachte aber, dass er sich über einen Freundschaftsring sicher freuen würde, der Romantiker, der er war. Also lief ich zu einer befreundeten Goldschmiedin und fragte, ob es die Möglichkeit gäbe, einen Ring nach meinen Vorstellungen zu gestalten. Ich wollte etwas ganz anderes, als was man im Laden so kaufen konnte. Die meisten Ringe haben Daten oder Namen ja auf der Innenseite graviert. Ich wollte die Gravuren auf der Außenseite und dachte mir noch ein paar weitere Details aus. Meine Bekannte half mir, die Idee umzusetzen, und der Ring wurde wirklich ein ganz besonderes Einzelstück, fand ich. Dazu hatte ich mir in den Kopf gesetzt, ihm ein ganz altmodisches Fotoalbum zu machen. So richtig mit eingeklebten Bildern. Ich gab mir große Mühe, schrieb lustige Sprüche zu den verschiedenen Erlebnissen und fand es am Ende richtig schön. Als der 27. April kam, hatte ich uns einen Tisch in einem kleinen, ein wenig exklusiven und sehr gemütlichen Restaurant in Frankfurt reserviert. Ich war sehr aufgeregt. Wir hatten uns schick angezogen und saßen an einem liebevoll gedeckten Tisch mit einem kreativen Blumengesteck, grobem, dickem Porzellangeschirr und großem, griffigem Besteck. Wir bestellten uns zur Feier des Tages Champagner und stießen auf uns an.

Nachdem wir die Karte studiert und bei der sehr freundlichen Bedienung unsere Bestellung aufgegeben hatten, legte

Kevin mir ein Geschenk auf meinen Teller und lächelte verlegen. Er sagte: »Es ist nur eine Kleinigkeit. Und keine Angst, es ist auch nichts Kitschiges, wie ein Ring ... oder ein Fotoalbum.« Genau das waren seine Worte. Mir wich alle Farbe aus dem Gesicht, und er fragte mich: »Ist alles okay? Du schaust, als hätte dir jemand ins Müsli gepinkelt.«

»Nun, ich, äh ... ich habe auch etwas für dich«, antwortete ich und legte meine beiden Geschenke auf seinen Teller. Mir war hundeelend. Ich packte ein nagelneues Handy aus und freute mich in der Tat riesig über die »Kleinigkeit«, weil ich ein uraltes Gerät hatte und ihm das gleiche Gerät schon letzte Weihnachten geschenkt und seitdem jeden Tag neidische Blicke darauf geworfen hatte.

Dann packte er seine Geschenke aus und stammelte: »Oh ich, äh, also ...«

»Schon gut«, sagte ich. »Ich bin gerne mal kitschig.«

Er sah aus, als wolle er im Boden versinken vor Scham, und dann mussten wir beide erst einmal herzlich lachen. Wie ich es mir gedacht hatte, freute er sich wie ein Plätzchen über den Ring, vor allem, weil ich mir so viel Mühe gemacht hatte und er wirklich extra für ihn entworfen war. Und nachdem wir es beide durchgeschaut hatten, war er auch von dem Fotoalbum begeistert. Es war allerdings das letzte, das ich je für ihn gemacht habe.

Im selben Jahr kamen wir auf die Idee, dass wir unser Haus nun doch langsam einmal verändern müssten. Wir hatten uralte Bäder und Toiletten mit häufig verstopften Abflüssen und im Erdgeschoss nutzten wir nur zwei Räume, in denen wir unser Wohnzimmer eingerichtet hatten. Daneben gab es noch die alte

Küche meiner Großmutter, die wir nicht mehr wirklich brauchten, und auch ihr Schlafzimmer, das wir übergangsweise zur Abstellkammer umfunktioniert hatten. Wir sannen eines Abends mit Freunden darüber nach, wie wir das alles nach und nach renovieren könnten, als einer der Freunde sagte: »Na ja, ihr könnt nun ein Zimmer nach dem anderen renovieren und die nächsten fünf Jahre hier herumdoktern oder ihr nehmt ein wenig Geld in die Hand und macht es einmal richtig. Mit fünfzig- bis sechzigtausend Euro solltet ihr da was stemmen können.«

Als die Freunde später am Abend gegangen waren, grübelte ich so vor mich hin. »Macht man sowas mit seinem Freund?« Ich dachte an die große Kreditsumme, die wir aufnehmen müssten, und daran, dass wir das Haus dann gemeinsam nach unserem Geschmack umbauen und einrichten würden. Ist so ein Schritt nicht schon ganz schön ernst? Natürlich heiratet man nicht, nur weil man gemeinsam ein Haus renovieren möchte. Aber irgendwie fühlte sich das für mich schon ein wenig nach ernsthafter Zukunftsplanung an.

Ein paar Tage später dachte ich das erste Mal konkret darüber nach, wie ein Heiratsantrag an Kevin aussehen könnte. Eine Kollegin erzählte mir, dass sie mit ihrem Mann im Urlaub tauchen war. Unter Wasser zückte er dann irgendwann ein laminiertes Schild, auf dem stand: »Du bist der süßeste Fisch im Ozean. Möchtest du meine Frau werden?« Dazu zauberte er dann einen Ring aus einer Muschel, während die Glückliche versuchte nicht zu ertrinken, weil es sich mit dem Atemautomaten im Mund so schlecht heulen lässt. Glücklich verlobt, aber fast ertrunken. Ich fand das schon sehr romantisch. Dabei war ich doch eigentlich gar nicht romantisch. Im Laufe der

Zeit kam ich auf immer neuere Ideen, wie ein Heiratsantrag aussehen könnte, und freundete mich immer mehr mit dem Gedanken an, eine davon auch wirklich und wahrhaftig in die Tat umzusetzen. Aber wie so oft im Leben sollte es ganz anders kommen.

Zunächst einmal kam aber das Haus. Das neue Jahr war bereits angebrochen, bis wir die Finanzierung auf die Beine gestellt und verschiedene Handwerker gefunden hatten für alles, was wir nicht selbst schaffen konnten. Wände mussten herausgerissen werden, andere errichtet, die Heizungsanlage erneuert, Strom neu gelegt, und zur Terrasse heraus sollte es eine große helle Glasfront geben. Ein Traum, wenn man es plant. Ein Albtraum, wenn es dann erst einmal losgeht. Alle, die schon einmal gebaut oder renoviert haben, wissen, wovon ich rede. Die folgenden zehn Monate haben unsere Beziehung wirklich auf die Probe gestellt. Kevin und ich packten an, wo es ging, und erledigten viele Arbeiten selbst. Einer unserer Handwerker sprach uns irgendwann an und sagte: »Hut ab. Was ihr hier auf die Beine stellt, ist schon beachtlich. Und bei alledem seid ihr noch so gut miteinander. Ich habe schon viele Beziehungen an solchen Baustellen zerbrechen sehen.«

Nach einem besonders anstrengenden Tag auf unserer Baustelle hatten wir beschlossen, Pizza zu bestellen. Wie erfinderisch wir doch waren, ohne Küche und Herd. Kevin hatte zuvor versucht, mich dazu zu bewegen, essen zu gehen. Es war nämlich unser Jahrestag, der 27. April. Wir waren vier Jahre zusammen. Ich war aber einfach zu platt, um mich überzeugen zu lassen, und so bemerkte ich seine zunehmende Nervosität auch nicht. Wir saßen also in unserem mit Kisten und überzähligen

Möbeln vollgestellten Wohnzimmer, auf dem Tisch neben Schraubenziehern, Hämmern und Zangen standen zwei fettige Pizzakartons und zwei Dosen Bier, als mein Mann hereinkam und mich mit angespanntem Gesicht anschaute. Er war noch weißer als sonst und ich hatte einen Moment die Befürchtung, er müsse sich gleich übergeben.

»Ist alles in Ordnung?«, fragte ich.

Als Antwort kniete er sich auf einmal vor mich hin. In seinen vor Aufregung zitternden Händen hielt er eine kleine weinrote Box. Sie stand offen, und ich konnte darin zwei Ringe sehen. Ich erkannte seinen Ring, den ich erst ein Jahr zuvor hatte anfertigen lassen. Der zweite war eine Kopie desselben.

»Magst du mich heiraten?«, fragte er und schaute mich mit großen Augen an.

Ich war fassungslos. Das durfte doch nicht wahr sein. *Ich* war es doch, der ihm den Antrag machen wollte. Und es sollte doch alles so furchtbar romantisch sein. Was hatte ich mir nicht alles ausgemalt. Und nun saßen wir hier zwischen Staub und Dreck, Kisten und Kästen, Werkzeug und Baumaterial mit Pizza und Bier. Ich dachte, ich spinne. Ich war fast ein wenig sauer auf ihn. Perfektionist, Kontrollfreak, wer, ich? I wo! Aber da kniete er nun, nach nur vier Jahren Beziehung, und er schlotterte vor Angst und Anspannung und sah so liebenswert und so verloren aus.

Ich brachte kein Wort heraus und er fragte mich erneut mit zitternder Stimme: »René, magst du mich heiraten?«

Es war ihm so ernst und so wichtig, und er hatte wirklich, wirklich Angst vor meiner Antwort. Ich schickte den Perfektionisten mitsamt seinen Visionen von Sonnenuntergängen und Kerzenschein zum Teufel und sagte diesem wundervollen Mann, der mich mit großen Augen erwartungsvoll anschaute, dass ich mir nichts Schöneres vorstellen könne, als sein Mann zu werden.

Wir fielen uns in die Arme, und er weinte ein wenig, und alle Anspannung fiel von ihm ab. Er erklärte mir später, dass er den Antrag natürlich auch ganz anders geplant hatte. Ich hatte mich aber geweigert, essen zu gehen, und er hatte in die Ringe den April 2013 als Monat des Antrags eingravieren lassen und in meinen Ring die römische Vier für die vier Jahre, die wir zusammen waren. Deshalb wollte er mir auch unbedingt an unserem Jahrestag den Antrag machen. Ich konnte ihm gar nicht böse sein. Und ich hörte auch nur ganz leise die kleine zynische Stimme in meinem Kopf, die da flüsterte: »Jetzt hast du schon mal Ja gesagt, da ist die Sache erstmal in trockenen Tüchern, und bis zur Hochzeit kannst du dir ja Zeit lassen.«

Es verging dann auch erst einmal ein ganzes Jahr, bis wir uns irgendwann von der Renovierung erholt hatten und das Haus nach und nach liebevoll einrichteten und einfach wieder das normale Leben ohne Baustelle genossen. Ende 2014 war ich aber dann derjenige, der den Faden wieder aufnahm. Woche für Woche trug ich mich mehr und mehr mit dem Gedanken herum, und schließlich fragte ich ihn eines Tages, als wir im Schein der untergehenden Sonne auf dem Sofa saßen: »Was meinst du? Wollen wir nächsten Sommer heiraten? Das wäre doch schön, so im Freien bei warmem Wetter. Und … wenn es für dich okay ist, würde ich gerne deinen Nachnamen annehmen.«

Er schaute mich an und sagte einen Moment lang gar nichts. Dann: »Wirklich? Du willst meinen Namen annehmen? Bist du dir sicher?«

Ich lächelte ihn an und antwortete: »Ja, das möchte ich. Ich will dein Mann sein. Und deinen Namen tragen. Und mich bei jeder Ansage an Bord darüber ärgern, dass ich so blöd war, mir das lange, komplizierte Ding anzuhängen.«

Er schmiegte sich an mich, und ich sah eine kleine Träne aus seinem Augenwinkel kullern. So hatte ich es zu guter Letzt doch geschafft, ihm eine freudige Überraschung zu machen, und meinen kleinen romantischen Moment geschaffen. Und ich liebe es, seinen Namen zu tragen. Das gibt mir persönlich einmal mehr das Gefühl, zu ihm zu gehören.

Nach der Hochzeit sagte mein Vater in leicht verletztem Ton: »Ich kann es ja verstehen, aber ich finde es nicht lustig. Wir Gernandts sterben aus.«

»Papa, es gibt unzählige Gernandts hier in der Gegend«, antwortete ich.

»Ja, aber unsere Linie stirbt nun aus«, erwiderte er.

»Das mag sein, aber egal was Kevin und ich noch getan hätten. Es wäre kein neuer Gernandt dabei herausgekommen«, konterte ich.

Darauf musste er grinsen und sagte: »So betrachtet hast du natürlich recht.«

Unsere Ringe tragen wir übrigens auch als Eheringe. Wir haben außen noch die Initialen unseres Nachnamens eingravieren lassen. Und dann doch eine erste Gravur auf der Innenseite. Unser Hochzeitsdatum.

Die Frage, ob heiraten für zwei Männer Sinn ergibt, habe ich mir nie wieder gestellt. Ich glaube, es ergibt für alle Menschen Sinn, die sich einander das Versprechen geben wollen, immer füreinander da zu sein. Ob dieses Versprechen überhaupt Sinn ergibt? Ob die Menschen heute noch genug Ausdauer haben für ein »in guten wie in schlechten Zeiten«? Darauf gibt es viele Antworten und jeder Mensch wird aus seiner Erfahrung heraus wohl etwas anderes dazu sagen. Ich für meinen Teil mag ganz fest daran glauben. Und ich weiß, dass spätestens mit zwei Kindern zwar die bequemen, aber ganz sicher nicht die guten Zeiten vorüber sind.

7
Pflegeeltern, die Theorie

Vorbereitungen und Seminare

Kevin

Skeptisch beäugten uns die beiden älteren Damen in dem tristen Konferenzzimmer, das nicht einmal Fenster hatte, als wir im Mai 2014 nach meinem Telefonat mit dem Jugendamt dort zum Informationsgespräch erschienen.

René und ich saßen an einem Ende des Tischs, die Damen am anderen. Der Tisch war so groß, dass die Damen gefühlt so weit entfernt waren, dass wir ein Megafon zur Unterhaltung hätten benutzen können. René schaute mich an, und ich glaubte, seine Gedanken lesen zu können: »Echt jetzt, Kevin, das war eine total dämliche Idee.« Zumindest dachte ich das in diesem Moment. Ich fühlte mich unter den Blicken der Damen beklemmt und wollte dieses Gespräch so schnell wie möglich hinter mich bringen.

»Wie kamen Sie auf die Idee, Pflegeeltern werden zu wollen? Wie stellen Sie sich ein Leben mit Kindern vor, und was wird sich grundlegend zu Ihrem heutigen Leben verändern?«, fragte Frau Dirlinger. Sie hatte lange graue Haare. Ihre runde Brille war mit einer Kette an den Bügeln befestigt.

Ich hatte das Gefühl, sie schaute vor allem mich an. Also antwortete ich: »Na ja, wir kommen für eine Adoption nicht infrage, können uns eine Leihmutterschaft nicht leisten, möchten aber gerne Eltern sein. René und ich sind jetzt schon seit fünf Jahren ein Paar und konnten uns von Anfang an ein Leben mit Kindern vorstellen. Renés Schwester hat vier Kinder, und wir sind immer gerne mit ihnen zusammen. Wir haben gerade unser Haus renoviert und haben beide das Gefühl, dass Kinder unser Leben bereichern würden. Durch meinen Vater sind wir ein wenig mit der Thematik vertraut, da er und seine Frau Pflegekinder haben. Wir glauben also, uns ein wenig vorstellen zu können, wie sehr sich unser Leben verändern wird.«

»Dann wissen Sie also auch, dass Pflegekinder besondere Aufmerksamkeit brauchen? Was oftmals auch viel Zeit bedeutet. Sie sind erst …« Frau Werner mit ihrem strengen Dutt schaute in die Unterlagen. »Sechsundzwanzig Jahre alt. Und gerade am Anfang Ihrer schauspielerischen Laufbahn. Möchten Sie sich nicht erst einmal auf Ihren Beruf konzentrieren?«

»Das Schöne an diesem Beruf ist, dass ich nie zu alt für ihn sein werde. Es gibt Rollen in allen Altersstufen. Vielleicht überspringe ich den jungen Liebhaber, aber das ist in Ordnung.«

Ich glaubte ein leichtes Schmunzeln in Frau Werners Gesicht erkennen zu können. Doch das war schnell vorbei, und sie fragte skeptisch weiter: »Als männliches Paar ist Ihnen ja bewusst, dass in Ihrem Haus keine Frau lebt. Kinder brauchen immer beide Geschlechter um sich herum. Wie möchten Sie das handhaben?« Frau Werner schaut nun René an.

»Kevins und meine Mutter wohnen beide bei uns um die Ecke, und ich habe ein sehr enges Verhältnis zu meiner Schwester, die mit viel Hingabe und Liebe eine großartige Tante sein wird.«

»Und wie wollen Sie das handhaben, wenn ein Pflegekind da wäre?«, fragte Frau Werner. »Wer würde zu Hause bleiben?«

»Da ich schon länger im Unternehmen bin und somit mehr Geld verdiene, ergibt es nur Sinn, dass Kevin zu Hause bleibt und erst einmal Elternzeit nimmt. Das haben wir gemeinsam auch schon so besprochen«, sagte René sanft, aber selbstbewusst.

Obwohl ich unsere Antworten ziemlich gut durchdacht fand, hatte ich nicht das Gefühl, von den Damen ernst genommen zu werden.

»Dann würden Sie aber auch immer wieder mehrere Tage alleine mit dem Kind sein, wenn Ihr Mann fliegen ist. Das trauen Sie sich zu?«, fragte Frau Dirlinger. Und auch wenn sie bemüht schien, ihre Frage wohlwollend zu formulieren, klang sie für mich vor allem zweifelnd.

»Mein Mann mag zwar erst sechsundzwanzig sein, doch ist er sehr verantwortungsbewusst und liebt unsere Nichte und Neffen. Er wird auch von ihnen umschwärmt. Kevin war schon immer ein Familienmensch und ich traue ihm das voll und ganz zu«, sagte René, und ich war ihm unendlich dankbar, denn ich war durch diese Fragen zunehmend verletzt und wusste langsam nicht mehr, was ich noch antworten sollte.

Ich fühlte mich nicht ernst genommen. All die Fragen und die skeptischen Blicke verunsicherten mich, und ich fing an, an meiner Überzeugung zu zweifeln. Trotzdem wurde uns ein Vorbereitungsseminar angeboten. »Wir können Ihnen erst ein Vorbereitungsseminar im November anbieten. Zwar findet jetzt im Sommer auch eines statt, doch dürfen die Seminarleiterinnen nicht die später zuständigen Sachbearbeiterinnen sein. Da dies bei Ihnen der Fall wäre, müssen wir ein halbes Jahr warten«, sagte Frau Werner.

»Aber woher wissen Sie denn jetzt schon, wer später unsere Sachbearbeiterin werden würde?«, fragte ich.

»Das wird bei uns nach den Anfangsbuchstaben des Nachnamens zugeteilt, und der wird sich sicher nicht ändern, oder?«, erklärte mir Frau Werner.

Als wir uns von den Damen verabschiedet hatten und den muffeligen Gang entlanggingen, schwiegen wir beide. Die Flure waren weiß und mit Kunstlicht hell beleuchtet. Ein extremer Kontrast zu dem dunklen und bedrückenden Zimmer.

Ein kleiner Junge kam uns entgegengelaufen, gefolgt von drei Erwachsenen. Eine Frau lief dicht hinter ihm, gerade Körperhaltung, gepflegtes Äußeres. Hinter ihr mit etwas mehr Abstand ein Mann mit vielen Tattoos, Piercings und zerschlissener Jeans und eine Frau mit schlecht gefärbten Haaren. Ihre natürliche Haarfarbe war lange nachgewachsen, was meinen Eindruck von mangelnder Pflege untermalte. Der Junge wirkte gelöst und schien sich in diesen nüchternen Fluren nicht weiter unwohl zu fühlen. Die Erwachsenen wirkten angespannt und redeten nicht. War das jetzt die Bestätigung meines Klischeebildes einer Herkunftsfamilie? Waren diese Menschen leibliche Eltern, Pflegemutter und Pflegekind? Auf dem Weg zu einem Besuchskontakt? Würden auch wir irgendwann so durch diese Flure laufen? Mit einem noch mulmigeren Gefühl lief ich mit René zum Ausgang. Nachdem wir das Jugendamtsgebäude verlassen hatten, war ich mir plötzlich nicht mehr sicher, ob ich das wirklich wollte.

Wir schliefen ein paar Nächte darüber, um all die Informationen, Eindrücke und Gefühle zu verdauen. Selbst als wir die Entscheidung trafen, uns für das Vorbereitungsseminar anzumelden, waren wir uns nicht sicher, ob wir das wirklich wollten.

Wir gingen unserem gewohnten Leben weiter nach, flogen beide durch die Welt, bereiteten unsere im nächsten Jahr bevorstehende Hochzeit vor, bestellten unseren Gemüsegarten, und so verging die Zeit schnell.

Dann kam der November 2014 und das Vorbereitungsseminar begann. Zusammen mit sechs weiteren Paaren und einer alleinstehenden Frau wurden wir von zwei einfühlsamen und netten Jugendamtsmitarbeiterinnen begrüßt. Wir waren das einzige Männerpaar. Zu Beginn des Seminars fingen wir mit diesen typisch modernen Kommunikationsseminar-Kennenlernspielen an. Wir starteten mit einem Spiel, um herauszufinden, wer wo geboren ist. An der einen Wand war Berlin, an der gegenüberliegenden München. Und so verteilten wir Teilnehmer uns nach unserem Geburtsort im Raum und kamen, oh Wunder, ins Gespräch. Beim nächsten Spiel stellten wir uns dem Alter nach in einer Reihe auf und ich fand mich mit etwas Abstand allein ganz vorne. Gut, am Ende waren diese Aufwärmspiele doch zielführend, denn wir hatten uns kennengelernt und ziemlich Spaß bei den Spielen.

»Heute möchten wir, dass Sie sich und Ihre Familie aufstellen. Jeder von Ihnen hat dafür einen Satz Holzbausteine in unterschiedlichen Größen. Fangen Sie mit sich als Paar an und nehmen dann runde Steine für Männer und eckige für Frauen. Wie nah stehen Ihnen diese Menschen? Schauen Sie nicht auf die Aufstellung Ihres Partners. Es geht hier um Ihre Empfindung. Es gibt hierbei kein Richtig oder Falsch«, erklärte uns Frau Scheyer mit freundlichen Augen.

Ich stellte meine Mutter sehr nah über mich und meinen Vater ziemlich weit weg, da wir zu diesem Zeitpunkt kaum Kontakt zueinander hatten. Auch ein paar Freunde stellte ich dazu. Als alle fertig waren, sagte Frau Scheyer: »Jetzt nehmen Sie sich bitte kleine Steine, die für Ihre zukünftigen Pflegekinder stehen. Wie viele Steine Sie nehmen und welche Form diese haben, ist Ihnen überlassen.« Sie schmunzelte und fuhr fort: »Was glauben Sie, wie sich Ihre Beziehung zu Ihrer Familie und auch zu Ihren Freunden verändert? Rückt Ihre Familie näher zusammen? Gibt es vielleicht Freunde, die sich abwenden werden, weil sie mit Kindern nicht viel anfangen können? Auch hier, bitte tauschen Sie sich nicht mit Ihrem Partner aus. Sie werden hinterher noch genug Zeit haben, sich über Ihre jeweiligen Aufstellungen zu unterhalten.«

Das war zwar keine klassische Familienaufstellung, und doch war das sehr intensiv für mich, mir so konkret zu überlegen, was Pflegekinder wirklich in unserem Leben verändern könnten.

An einem anderen Tag spielten wir Rollenspiele. »Ich weiß, Rollenspiele sind nicht bei allen beliebt. Und doch haben wir festgestellt, dass diese oft einen sehr intimen und intensiven Einblick in die Gefühlslage aller Beteiligten bringen«, erklärte Frau Dorst-Längerer, eine attraktive Endzwanzigerin. Braune Haare, modisch gekleidet mit einem charmanten Lächeln. Wir bedauerten, dass nicht sie unsere Sachbearbeiterin werden würde. Ich mochte Rollenspiele schon in der Schule gerne. Was ich sicherlich meiner schauspielerischen Ader zu verdanken hatte. Da wir in der Vorstellungsrunde unsere Berufe nennen sollten, wussten auch die beiden Seminarleiterinnen, dass ich Schauspieler war. Und so schlug Frau Scheyer vor, dass ich in einem Rollenspiel das Kind spielen sollte, während andere Teilnehmer die Pflegeeltern und die leiblichen Eltern übernahmen. Vorher bekam jeder eine Karte mit der Vorgeschichte und ein paar Details zu dem zu spielenden Menschen. Danach sollten wir anhand dieser Informationen improvisieren.

In dem Fallbeispiel, wo ich das Kind spielte, kam der leibliche Vater nicht damit zurecht, dass sein Sohn bei fremden Menschen lebte, und akzeptiere diese auch nicht als neue Eltern. Die leibliche Mutter wurde von ihrem Mann geschlagen und auch das Kind hatte er misshandelt. Das Kind lebte noch nicht lange in der Pflegefamilie. Das Treffen fand bei den Pflegeeltern zu Hause statt.

Als wir anfingen, setzte ich mich auf den Boden und tat so, als spielte ich, als Lisa, die die leibliche Mutter spielte, »klingelte«.

»Ding Dong«, sagte Lisa.

»Oh, da sind deine leiblichen Eltern«, sagte Eva, die die Pflegemutter spielte.

Ich rannte zu Lisa und umarmte sie. »Mama, da bist du ja«, sagte ich und drückte Lisa fest.

Lisa war sehr verhalten und wusste nicht recht, wie sie mich behandeln solle, streichelte aber zaghaft über meinen Kopf. Sie fing an zu weinen. Der leibliche Vater, der von Peter gespielt wurde, wurde sofort laut. »Ich möchte mit Ihnen überhaupt nicht reden«, sagte er zu Franz, der den Pflegevater spielte. »Lassen Sie mich und meine Frau einfach mit unserem Sohn in Ruhe Zeit verbringen.« Peter war groß und fülliger, was seiner Rolle sehr zuträglich war.

Franz, groß und schlaksig, war sofort eingeschüchtert, wusste aber, wie er seine Familie beschützten konnte: »Sie halten sich an die Vorgaben vom Jugendamt oder wir beenden dieses Treffen sofort. Sie bleiben hier mit uns im Raum.«

»Von dir lass ich mir gar nichts sagen«, drohte Peter mit erhobener Faust.

»Ich glaube, das war keine gute Idee, bitte gehen Sie jetzt, oder ich rufe die Polizei«, entgegnete Franz.

Egal was vorher war, ich wollte nur noch mit meiner leiblichen Mutter nach Hause gehen, wollte, dass sie aufhört zu weinen.

»Mama, nein Mama, lass mich nicht hier. Mama, nein, geh nicht …«, bettelte ich.

»Okay, ich beende an dieser Stelle das Rollenspiel und bitte Sie, sich alle einen Moment lang zu sammeln. Wenn Sie so weit sind, setzten Sie sich auf Ihren Platz. Danach können wir über das Geschehene sprechen«, sagte Frau Scheyer sanft.

Als ich mich gesammelt hatte, mich auf meinen Stuhl setzte und wir die Szene besprachen, konnte ich sehen, dass einige Teilnehmer Tränen in den Augen hatten, darunter auch René. Das Spiel zeigte uns, welche Gefühle, welche Zerrissenheit Pflegekinder durchmachen können.

Es folgten weitere Rollenspiele, alle mit der gleichen Intention: uns auf die Besonderheiten im Leben einer Pflegefamilie vorzubereiten.

So schwer erträglich und verdaulich diese Spiele auch waren: Sie machten deutlich, worauf wir uns einließen, sollten wir uns am Ende für den Weg der Pflegefamilie entscheiden.

Nicht nur einmal fragte ich mich während dieser Seminare, wie sinnvoll doch ein Elternführerschein wäre. Wie viel weniger Kinder in Not gäbe es, müssten alle Menschen sich so intensiv mit Kindern befassen.

An einem der letzten Seminartage wurden uns die unterschiedlichsten Fallbeispiele beschrieben. »Es gibt die unterschiedlichsten Möglichkeiten, wie Pflegefamilie am Ende gelebt wird. Es kommt sehr häufig vor, dass Pflegefamilien gar keinen Kontakt mit den leiblichen Eltern haben, weil diese den Kontakt nicht aufrechterhalten können. Manche tauchen sogar völlig unter und wir können sie gar nicht mehr erreichen«, erklärte uns Frau Dorst-Längerer.

Frau Scheyer erzählte: »Ich betreue eine Pflegefamilie, in der die leibliche Mutter eine sehr gute Beziehung zu der Pflegefamilie und ihrem Kind führt. Ihr Kind übernachtete jedes zweite Wochenende bei ihr und in den Ferien fahren sie sogar alle zusammen in den Urlaub. Auch das kann Pflegefamilie bedeuten.«

Ich sah uns schon an einem warmen Sommertag mit Mutter und Kind unter dem Mirabellenbaum im Schatten sitzen und Kuchen essen.

Da betonte Frau Scheyer: »Das ist eine seltene Ausnahme, meist bricht der Kontakt schnell weg oder das Verhältnis zwischen den Eltern ist schwierig.«

Vor allem diese Seiten wurden uns deutlich aufgezeigt. Voll bewusst der Schwierigkeiten, die das Leben als Pflegefamilie und vor allem die Besuchskontakte mit sich bringen könnten, sollten wir uns bewusst für oder eben gegen diesen Weg entscheiden.

»Hat auch nur einer von beiden Bewerbern Zweifel, ein Zwicken im Bauch, also einfach ein komisches Gefühl, sollten Sie dies Ihrer zuständigen Sachbearbeiterin sofort mitteilen. Die Vergangenheit zeigt, dass eine Familie auf ein ungutes Gefühl gegründet, Jahre später zu großen Schwierigkeiten und manchmal sogar zur Herausnahme des Kindes aus der Pflegefamilie führen kann«, fuhr Frau Dorst-Längerer fort.

Ich konnte mir nicht vorstellen, wie groß die Not der Pflegeeltern, aber auch das Leid eines Pflegekindes sein musste, dass ein Kind eine Familie wieder verlassen muss. Und ganz langsam fing ich an zu begreifen, warum dieses Seminar so intensiv und emotional aufgebaut war.

Deswegen sei es so wichtig, auf sein Bauchgefühl zu hören. Leichter gesagt als getan.

Egal wie hart die Beispiele in den Seminaren waren, dieser Weg war für viele Bewerberinnen und Bewerber der letzte Weg, Kinder zu bekommen. So viele Hoffnungen und Wünsche waren an diese Kinder gebunden. Der eigene Wunsch nach Kindern sollte niemals über dem Wohl eines Kindes stehen. Aber wie das bei emotionalen Themen oft ist, schafft es das Herz, die Zweifel des Verstandes zu verkleinern.

Heterosexuelle Paare haben häufig einen langen Weg hinter sich, bis sie sich darüber Gedanken machen, eine Pflegefamilie zu werden. Jörg und Sarah, beide Lehrer, warteten drei Jahre vergeblich auf ein Adoptivkind. In dem Landkreis, in dem die beiden wohnten, gab es nur ein zu vermittelndes Adoptivkind auf zehn Bewerberpaare. »Wir sind immer noch niedergeschlagen und enttäuscht. Diese drei Jahre haben sehr an meinen Nerven gezogen«, sagte Sarah mit Tränen in den Augen. »Wir stehen Pflegefamilien eher skeptisch gegenüberstanden. Doch möchten wir diesen letzten Weg zumindest versucht haben«, fuhr sie fort.

Eine letzte Hoffnung und irgendwie eine Notlösung. Wenn sich dann, während des Kennenlernprozesses, ein ungutes Bauchgefühl zum möglichen Pflegekind entwickelt, stelle ich es mir schwer vor, auf den Verstand zu hören und sich gegen dieses Kind zu entscheiden. Dennoch ist es genau das, was das Jugendamt fordert. Dass Menschen mit einem so starken Kinderwunsch, ein vielleicht auch schon lieb gewonnenes Kind und die eigenen Gefühle, ganz rational beiseiteschieben und sich aus Vernunft gegen das Kind entscheiden. Denn obwohl das Jugendamt sagte, wir würden immer wieder bei passender Kindermeldung gefragt werden, bedeutet, sich gegen ein Kind zu entscheiden, zunächst wieder warten zu müssen.

Mit all den Eindrücken des Seminares wurden wir in die nächste Bewerbungsphase geführt. In einem gemeinsamen Überleitungsgespräch wurden wir von Frau Scheyer unserer zuständigen Sachbearbeiterin, Frau Müller, übergeben. Die eigentliche Bewerbungs- und Überprüfungsphase konnte beginnen.

Wir mussten zum Gesundheitsamt, um lebensbedrohliche und lebensverkürzende Krankheiten auszuschließen. Bei der Polizei wurde mit unserer Unterschrift ein ausführliches polizeiliches Führungszeugnis beantragt. Und wir legten unsere Gehaltsabrechnungen des letzten halben Jahres vor. »Was für ein Kind käme denn für Sie infrage? Welches Geschlecht? Welches Alter? Und welche Umstände, die zur Inobhutnahme eines Kindes geführt haben, können Sie sich vorstellen zu bewältigen?«, fragte Frau Müller.

Denn mögliche Pflegeeltern, die persönlich mit Missbrauch zu tun hatten, sind vielleicht nicht die geeigneten Eltern für Kinder, die körperlich und/oder sexuell missbraucht wurden. Wer selbst Eltern mit Alkoholproblemen hatte, wird vielleicht befangener reagieren, wenn er in regelmäßigem Kontakt mit der Herkunftsfamilie steht, von der man weiß, dass in dieser getrunken wird. Es galt im Vorhinein Hintergründe oder Umstände auszuschließen, die für uns mögliche Pflegeeltern in spe undenkbar wären. Und derweil das irgendwie nach Rosinenpickerei klingt, ist das gerade bei Pflegekindern so enorm wichtig.

»Für uns spielt weder Religion noch ethnische Herkunft oder das Geschlecht des Kindes eine Rolle. Auch Drogen oder Gewalt, glaube ich, können wir handeln«, sagte ich zu Frau Müller.

René fügte noch hinzu: »Bei einer körperlichen Beeinträchtigung, die keine barrierefreie Umgestaltung unseres Hauses braucht, haben wir auch keine Bedenken. Und bei Barrierefreiheit nur deswegen, weil wir uns den Umbau nicht leisten könnten. Was wir für uns ausgeschlossen haben, ist eine geistige Behinderung. Wir wollen nicht als ›Pfleger‹ ein Kind so umfangreich und rund um die Uhr betreuen. Das trauen wir uns nicht zu.«

Ich finde es wichtig, sich das einzugestehen, ohne deswegen Menschen abzuwerten oder sich selbst schlecht zu fühlen. René und ich haben so oft und so ausführlich über mögliche Pflegekinder gesprochen. Uns war klar geworden, dass wir einem kleinen Menschen mit schlechtem Start ins Leben eine zweite Chance geben möchten. Wir wollten vor allem Eltern sein.

Durch die Vorbereitungsseminare hatten wir eine grobe Vorstellung davon, was ein Kind durchgemacht hatte, das von seinen leiblichen Eltern tagelang nichts zu essen bekam, auf dem harten Boden schlief, keine Körperhygiene kannte oder keine Aufmerksamkeit bekam. Doch egal wie intensiv wir uns mit all diesen Vorstellungen befassten, die konkrete Kindermeldung würde mich später noch tiefer berühren.

Ein weiterer wichtiger Schritt war der Hausbesuch. Als das Telefon klingelte und ich Frau Müllers Nummer im Display erkannte, schlug mein Herz gleich schneller. Wann immer Frau Müller anrief, bedeutete dies, dass unser Bewerbungsprozess voranschritt.

Sie fragte: »Herr Silvergieter, wann sind Sie und Ihr Verlobter denn beide im Lande, damit wir einen Termin für unseren Hausbesuch vereinbaren können?«

Nervös lief ich zu unserem gemeinsamen Kalender und suchte nach einer Lücke zwischen den vielen Strichen, die unsere Flugeinsätze bedeuteten. »Frau Müller, René wird sich freuen, wenn ich ihm mitteile, dass Sie uns besuchen kommen. Bis dahin alles Gute für Sie«, verabschiedete ich mich von ihr, als wir ein passendes Datum gefunden hatten.

Ich freute mich, und gleichzeitig wurde mir ganz mulmig. Wir würden Frau Müller und Frau Dirlinger in unser Zuhause lassen, damit diese beurteilen konnten, ob hier Platz für ein Kind war oder nicht. Ein komisches Gefühl. Als ich René davon erzählte, war seine erste Reaktion auch kein Luftsprung. Obwohl wir wussten, dass dieser Termin zum Bewerbungsverfahren dazugehörte, fühlte es sich seltsam an, Frau Dirlinger und Frau Müller unser Haus bewerten zu lassen.

»Was genau wollen sie denn sehen? Und was könnten wir denn überhaupt verändern? Wir haben unser Haus erst kernsaniert. Nach unseren Wünschen. Da haben wir noch nicht so konkret über Kinder nachgedacht. Was, wenn sie jetzt unser Haus für Kinder ungeeignet erachten?«, fragte ich René.

»Wir können ja ein Zimmer komplett mit Watte auspolstern, das wird das Kinderzimmer. Keine Ahnung, Kevin, wir haben bei unseren Eltern auch überlebt, und da war sicher nicht alles so, wie sich der Staat das heute wünscht«, antwortete René.

»Ja, sicher, trotzdem frage ich mich, ob wir irgendwas machen können, um die Damen zu überzeugen. Ich fühle mich einfach so ausgeliefert. Entweder Frau Dirlinger und Frau Müller beurteilen unser Haus als kindgerecht – oder wir scheiden als Pflegeeltern aus? Das ist doch unfair«, gab ich meine Bedenken kund.

»Ich weiß«, sagte René.

Wir kamen zu keinem befriedigenden Ergebnis und so fühlte ich mich sehr unwohl, als Frau Müller und Frau Dirlinger dann tatsächlich durch unser Haus liefen. Wir hatten diesen ersten

Hausbesuch extra auf einen Dienstagnachmittag gelegt, da vormittags unsere Zugehfrau da war und alles sauber gemacht hatte. Währenddessen versuchten wir so aufzuräumen, dass der Eindruck entstünde, bei uns könnten Kinder sicher spielen und toben. Trotzdem hatten wir keine kindersicheren Steckdosen, es gab Tischkanten, an denen kleine Kinder sich den Kopf stoßen könnten, an der Treppe in den Garten fehlte der Handlauf. Der fehlt übrigens heute noch. Wir hatten den Hof nicht mehr sauber gemacht und auf den Fensterbänken waren immer noch die vertrockneten Blumen vom Frühjahr. Ich machte mir so viele Gedanken über Kleinigkeiten in unserem Zuhause, dabei ging es am Ende wohl eher um den Gesamteindruck. Frau Dirlinger und Frau Müller hatten uns bisher nur im Amt erlebt. In unserem Zuhause bekamen sie einen besseren Eindruck, wer wir waren.

»Sie haben jetzt aber nicht extra für uns Ihr Haus geputzt?«, fragte Frau Dirlinger, als sie sich an den gedeckten Tisch setzte.

»Äh, doch. Und unsere Reinemachfrau war extra da«, antwortete ich etwas verlegen.

»Ach, das hätten Sie doch nicht gemusst. Wir erleben das immer wieder, dabei geht es doch nicht um ein perfekt sauberes Haus. Es geht um ein Zuhause für Kinder. Und das haben Sie hier auf jeden Fall«, sagte Frau Dirlinger.

Ihre herzlich klingende Stimme und ihr liebevoller Blick auf unsere Küche und den Essbereich minderten meine Sorgen.

»Vielen Dank, wir haben genug gesehen. Vor allem ihr großer Garten ist ja ein Paradies für Kinder. Wir melden uns dann, um einen weiteren Termin auszumachen«, verabschiedeten sich Frau Müller und Frau Dirlinger.

Am Ende wollten sie nicht einmal mehr das Zimmer sehen, das wir als Kinderzimmer vorgesehen hatten. Erst als sie weg waren, fiel uns auf, dass wir nicht einmal im oberen Stockwerk oder im Garten waren. Trotzdem wurden wir ein weiteres Mal zu Hause besucht, um eines der vielen Gespräche über unsere Vergangenheit zu führen. Jahre später sollten wir von Mitbewerbern aus dem Seminar erfahren, dass Jörg und Sarah nur ein Hausbesuch abgestattet und dass ihnen sehr schnell ein Geschwisterpaar vermittelt wurde. Ob es jetzt daran lag, dass wir zwei Männer waren, ist eigentlich egal. Fakt ist, dass wir offensichtlich genauer unter die Lupe genommen wurden.

Natürlich ist es wichtig, potenzielle Pflegeeltern genau unter die Lupe zu nehmen. Aber bitte unabhängig von ihrer sexuellen Orientierung. Alles, was Kinder brauchen, ist Liebe und die können alle Menschen empfinden und geben.

Unsere Gehaltsabrechnungen und unser Kontostand vom letzten halben Jahr wurden erfragt. Das hat den Hintergrund, dass Pflegeeltern niemals von dem Pflegegeld abhängig sein sollten. Verständlicherweise, denn entsteht eine finanzielle Abhängigkeit zum Kind, wüsste ich nicht, wie eine gesunde Beziehung zwischen Kind und Eltern funktionieren sollte.

Und da waren die vielen Gespräche über unsere Vergangenheit und die Verarbeitung dieser. René und ich sind beides Scheidungskinder. Ich hatte große Schwierigkeiten mit meinem Vater und seiner zweiten Ehefrau. René mit dem zweiten Mann seiner Mutter. Wir saßen in Frau Müllers Büro, als René von seinem cholerischen Stiefvater erzählte, der früher lautstark die Türen im Haus zuknallte.

»Was glauben Sie denn, Herr Gernandt, wie Sie sich fühlen würden, wenn Ihr Kind Türen zuschlägt? Wie würden Sie reagieren?«, fragte Frau Müller, und ich wusste erst nicht, ob sie die Frage ernst meinte. Wer würde da denn applaudieren? Oder hatte ich den Sinn der Frage nicht verstanden?

René antwortete höflich, aber bestimmt: »Ich würde das Kind bitten, die Tür leise zu schließen, und an die Türklinke erinnern.«

Nur weil sein Stiefvater damals Türen zuknallte, bedeutete das doch nicht automatisch, dass René auch heute noch auf zuknallende Türen reagieren würde. Sicher kann das vorkommen, aber diese Frage müssten sich dann alle werdenden Eltern stellen. Ich fragte mich wieder einmal, wo denn die allgemeine Überprüfung aller werdenden Eltern blieb. Denn es ist sicher nicht nur für Pflegeeltern wichtig, sich mit der eigenen Vergangenheit genau auseinanderzusetzen.

So zermürbend und anstrengend diese Zeit der vielen Fragen und der Beschäftigung mit der eigenen Vergangenheit war, so wichtig war sie auch. Pflegekinder haben schon mindestens einen Bindungsabbruch hinter sich. Manchmal sogar mehrere. Da ist es nur fair, dass sich potenzielle Pflegeeltern besonders viele Gedanken machen. Wir beide waren jedenfalls nach diesen Fragen so verunsichert und auch verärgert, dass René sagte: »Wenn beim nächsten Treffen Frau Müller oder Frau Dirlinger mich noch einmal fragen, wie ich reagiere, wenn mich jemand anschreit, nehme ich sie mit auf die Straße und dann schauen wir mal, wie viele Menschen sich gerne anschreien lassen. Von hundert vielleicht einer. Und der auch nur, weil er einen Fetisch hat.«

Beim nächsten Treffen kam dann prompt die Frage von Frau Müller: »Haben Sie denn noch Fragen, oder gibt es noch Unklarheiten aus unserem letzten Gespräch?«

Ich krallte meine Fingernägel in Renés Oberschenkel, weil ich Angst hatte, er könnte ihr an den Hals springen. Dann sagte René: »Ich habe das Gefühl, Sie halten uns nicht für geeignete Pflegeeltern. Wenn dem so ist, sagen Sie es bitte. Dann können wir uns die Zeit sparen.«

Kurze Stille. Zögerliche Blicke der beiden Sachbearbeiterinnen. Dann sagte Frau Müller vorsichtig: »Also eigentlich wollten wir Ihnen sagen, dass wir ein Kind für Sie ins Auge gefasst haben. Also ja, wir halten Sie für geeignet.«

René und ich schauten uns an. Hatten sie das gerade wirklich gesagt? Nach all den Fragen und unseren Unsicherheiten gab es tatsächlich ein Kind, dass für uns infrage kam?

Wir hatten so oft an dem ganzen Prozess gezweifelt, setzten uns mit unserer Vergangenheit auseinander und fühlten uns immer wieder unwohl während des ganzen Verfahrens. Und doch hielten Frau Dirlinger und Frau Müller uns für geeignete Pflegeeltern. Wir schauten uns an und konnten unser Glück kaum fassen. Wir waren in dem Prozess, ein Pflegekind bei uns aufzunehmen, einen Schritt weitergekommen.

8
Pflegeeltern, die Praxis

Die zarte Saat einer kleinen Familie

René

Wir hatten es also endlich geschafft. Es war März 2015 und wir waren nun als potenzielle Pflegeeltern in der Kartei des Jugendamtes erfasst. Nun begann die biologische Uhr auch bei uns zu ticken. Aber es stand ja auch unsere Hochzeit im Juni bevor, gefolgt von den Flitterwochen im Juli. Dazwischen durften wir noch einmal gemeinsam fliegen. Wenn man heiratet, darf man sich einen Flug wünschen, um den Ehepartner mit an einen schönen Ort zu nehmen. Mini-Flitterwochen sozusagen. Eine nette Geste unseres Arbeitgebers. Wer hat denn da also Zeit für eine Niederkunft? Wir waren deshalb zugegebenermaßen ein wenig erschrocken, als schon im Mai der Anruf kam. Wäre es nicht medizinisch unmöglich, ich schwöre, ich hatte einen Puls von 380. Wir vereinbarten einen Termin mit dem Jugendamt.

Eine Woche später fanden wir uns in einem jener nüchternen Räume des Jugendamts wieder. Auf dem Tisch lag eine rote Akte. Eine Kindermeldung. Ich starrte auf die abgegriffene Pappe, die ein ganzes kleines Leben beinhaltete. Frau Müller und Frau Dirlinger saßen uns mit leicht belustigter Miene gegenüber, saßen wir doch wie die aufgescheuchten Hühner mit latenter Schnappatmung im Besprechungszimmer. Sie nahmen die Angelegenheit sicherlich ernst. Niemand vermittelt ein Kind aus dem hohlen Handgelenk. Aber sie kannten uns ja nun auch schon ein wenig und wir hofften, sie mochten uns auch und freuten sich vielleicht ein wenig. Für uns. Und vielleicht auch für das Kind. Im Nachgang glaube ich, dass sie eine mindestens ebenso große Verunsicherung erleben mussten wie wir. Und das wahrscheinlich bei jeder Vermittlung, denn sie waren verantwortlich für das Wohlergehen des Kindes und hier und jetzt wurden die Weichen gestellt, die das ganze weitere Leben eines Menschen beeinflussen würden. Und nicht nur eines Menschen. Trotz aller Gespräche und Seminare und Hausbesuche – wie gut konnten sie uns wirklich kennen? Wie groß ist die Sorge, dass sich jemand nachhaltig und erfolgreich verstellt und es dem Kind in der Pflegefamilie dann auch nicht gut geht? Ich würde mir diese Aufgabe niemals zutrauen und spreche meine Hochachtung gegenüber allen Mitarbeiterinnen und Mitarbeitern der Jugendämter aus.

Wir auf unserer Seite des Tisches fühlten vieles auf einmal. Freude, dass es nun endlich passieren könnte. Angst, dass es nicht klappen könnte. Das Gefühl, dem Jugendamt ausgeliefert zu sein. Sorge, ob wir auch wirklich stark genug sein würden. Mit Romantik und Ausgelassenheit hatte es sicher nichts zu tun.

Ich erinnerte mich daran, dass Frau Müller in einem der letzten Gespräche im Mai schon einmal vorsichtig vorgetastet hatte, ob wir uns vorstellen könnten, ein Kind aufzunehmen, das nicht spricht. In anderen Gesprächen zu Beginn unserer Bewerbung hatte ich schon klar zu Protokoll gegeben, dass ich es mir nicht vorstellen könne, ein geistig behindertes Kind großzuziehen. Ich glaubte nicht daran, die Kraft dafür zu haben. Ich hatte größte Sorge, was mit unserem Kind passieren würde, wenn wir nicht mehr da wären. Würde es ebenso liebevoll versorgt wie bei uns? Und ich würde immer und immer mit dem Leben hadern, weil ich nie wüsste, wie es im Inneren meines Kindes wirklich aussähe. Nicht, dass es eine Garantie dafür gibt, dass unsere Kinder uns ihr Innerstes je preisgeben. Aber zumindest hätte ich die Chance zu fragen. Nein, ich fühlte mich nicht in der Lage, mit einem geistig behinderten Kind umzugehen.

Frau Müller fing an zu berichten: »Sie können sich sicher erinnern, dass wir bereits einmal über einen Jungen gesprochen haben. Einen Jungen, der nicht spricht.«

Kevin und ich warfen uns einen kurzen, besorgten Blick zu.

»Er ist dreieinhalb Jahre alt. Er wurde im Januar aus der Familie genommen. Er hat anfangs bei seiner Mutter gelebt, danach bei seiner Großmutter. Die Mutter selbst war noch minderjährig, als der Junge zur Welt kam, und hatte selbst einen gesetzlichen Vormund, der sie nach der Geburt begleitete«, erklärte Frau Müller.

»Und wo ist der Junge jetzt?«, fragte ich.

»Er lebt seit Januar in einem Kinderheim, weil wir für ihn keinen Kurzzeitpflegeplatz bekommen haben«, sagte Frau Müller.

»Seit Januar? Wir haben jetzt Mai. Im Einführungsseminar wurde uns gesagt, dass die Kinder maximal drei Monate in der Kurzzeitpflege bleiben«, bemerkte Kevin mit erschrockenem Gesicht.

Frau Müller seufzte. »Ja, so ist das grundsätzlich angedacht. Aber oftmals sind die Fälle nicht so leicht zu klären. Das Gesetz fordert eine genaue Prüfung der Sachlage und das Familiengericht sieht den Entzug des Sorgerechts als allerletztes Mittel. Davor werden alle Wege geprüft, um Mutter und Kind doch beieinander zu belassen. Manchmal werden die Kinder dann wieder zurück in die Herkunftsfamilie gebracht und man versucht, diese zu unterstützen, damit sie den Alltag mit Kind bewältigen können. Manchmal muss erst noch geprüft werde, ob es Blutsverwandte gibt, die sich um das Kind kümmern können. Und oftmals sind es einfach die administrativen Prozesse, die weit mehr Zeit in Anspruch nehmen als drei Monate. Dazu kommt noch, dass Jugendämter und Familiengerichte chronisch unterbesetzt sind.«

»Hat man denn nicht versucht, seine Mutter zu unterstützen?«, fragte ich.

»Doch, das hat man«, erklärte Frau Müller. »Es gibt die sogenannte ›Familienhilfe‹ oder auch ›Hilfe zur Erziehung‹. Das bedeutet, sie wurde regelmäßig besucht und hatte eine Ansprechpartnerin, falls sie Fragen oder Probleme hatte, und umgekehrt wurde sie zu Terminen begleitet oder daran erinnert. Trotzdem hat sie den Alltag mit Kind nicht bewältigt. Er wurde anfangs nur selten in die Kita gebracht, später gar nicht mehr. Dazu kamen dann Krankheiten, die nicht richtig kuriert wurden. Er hatte wiederholt Atemwegserkrankungen, die sogar zu Krankenhausaufenthalten führten. Auch Hauterkrankungen traten wiederholt auf und wurden nicht auskuriert, sodass er jetzt noch an beiden Händen und Füßen Bläschen beziehungsweise Wärzchen hat, die täglich behandelt werden müssen.«

Für einen Moment herrschte betretenes Schweigen. Da war sie also, die grausame Realität, auf die man uns in all den Seminaren und Gesprächen hatte vorzubereiten versucht. Ich traute mich nicht, Kevin anzuschauen.

Die Stille wurde dann von einem von Frau Dirlinger eifrig nachgeschobenen Zusatz unterbrochen: »Aber das ist alles schon sehr viel besser geworden, berichten die Mitarbeiter aus dem Kinderheim. Sie erzählen, dass er mit den eingecremten Händen ganz brav im Bett sitzt und sich etwas vorlesen lässt. Sie berichten außerdem, dass er ein sehr pfiffiger kleiner Kerl ist, offen und umgänglich.«

In meinem Kopf prangte noch immer ein riesiges Leuchtschild, auf dem stand: »ER SPRICHT NICHT!« Deshalb fragte ich: »Hat man denn eine Idee, weshalb das Kind nicht spricht? Ist er nur schüchtern? Oder gibt es einen medizinisch nachweisbaren Grund?«

Frau Müller und Frau Dirlinger wechselten einen kurzen Blick. »Er ist mehrfach untersucht worden, und bis jetzt konnte kein physischer Grund gefunden werden. Natürlich sind die

Möglichkeiten, ein so kleines Kind zu testen, eingeschränkt. Wir gehen aber in erster Linie davon aus, dass es die mangelnde Ansprache war, die dazu führte, dass er noch kein altersgerechtes Sprachvermögen entwickelt hat«, erläuterte Frau Dirlinger.

»Sie gehen davon aus?«, fragte ich ungläubig.

»Schauen Sie, Herr Gernandt, Sie können versichert sein, dass wir Ihnen alles mitteilen, was wir wissen«, antwortete Frau Müller. »Aber auch unsere Kenntnisse sind eben bruchstückhaft. Manchmal bekommen wir im weiteren Kontakt mit der Herkunftsfamilie noch mehr Details, aber das kann man nie mit Sicherheit sagen.«

Man hatte ihn also untersucht, aber was brachten diese Untersuchungen für unsere Entscheidungsfindung? Nichts. Wer konnte bei einem so kleinen Wurm schon sagen, was der Grund für sein Schweigen sein könnte? Die möglichen Ursachen, die vor meinem inneren Auge aufpoppten, waren vielfältig und meine Verunsicherung hätte größer nicht sein können. Aber ehe wir aber auch nur beginnen konnten, die Situation zu verdauen, wurde uns die Entscheidung zunächst aus ganz pragmatischen Gründen abgenommen.

Frau Dirlinger sagte: »Wenn Sie sich für den Jungen entscheiden, würden wir zunächst ein Treffen mit seiner Mutter vereinbaren. Es ist wichtig, dass Sie einander kennenlernen, denn es soll ja idealerweise einen regelmäßigen Kontakt geben.«

»Wir haben ihr die Idee zweier Väter schmackhaft gemacht und ihr erklärt, dass sie dann wenigstens keine andere Mutter in Konkurrenz haben würde«, fügte Frau Müller mit einem Lächeln hinzu. »Wenn das Treffen mit der Mutter gut verläuft, würden Sie im Anschluss den Jungen kennenlernen. Wenn Sie dann immer noch weitermachen wollen, stellen wir uns ein Treffen mit dem Jungen möglichst jeden zweiten Tag vor. Wenn nicht gar jeden Tag, je nach Ihren Möglichkeiten.«

Kevin schaute wie ein Reh im Scheinwerferlicht. »Das, äh, können wir gar nicht bewerkstelligen. Wir werden in drei Wochen heiraten und zwei Wochen später in die Flitterwochen fahren. Wir sind zwei Wochen in Portugal. Das heißt, wir könnten mit einem Kennenlernen frühestens in knapp acht Wochen beginnen. Und danach müssen wir beide in Vollzeit fliegen bis Ende August. Da sind wir manchmal drei bis fünf Tage am Stück weg.«

Ich flog ja ohnehin Vollzeit und unsere Familienplanung sah auch vor, dass dies so bleiben sollte. Wie bei jeder anderen Familie auch würde der mit dem besseren Gehalt weiter schuften gehen. Schön spießig, die modernen Schwulen. Kevin, der der Schauspielerei wegen schon einige Jahre nur Teilzeit geflogen war, hatte aber unglücklicherweise zwei Monate zuvor ein Angebot unseres gemeinsamen Arbeitgebers angenommen, in den Sommermonaten sein Teilzeitmodell auf Eis zu legen und für vier Monate auch wieder Vollzeit zu fliegen, weil der Personalbedarf in der Ferienzeit so hoch war.

»Oh, das ist aber schade. Das hatten wir aber ganz anders verstanden. Hm. Dann wird das wohl nicht gehen. Wie Sie schon selbst erkannt haben, ist dieser Junge ohnehin schon viel zu lange im Heim. Wir brauchen in diesem Fall eine zügige Vermittlung. Aber seien Sie unbesorgt. Dies wird nicht die letzte Kindermeldung für Sie sein. Sie fallen jetzt auch nicht aus der Kartei oder so«, sagte Frau Müller und schenkte uns ein beruhigendes Lächeln.

Frau Müllers Lächeln erzielte jedoch nicht seine Wirkung. Ich merkte, wie Kevin im Stuhl neben mir zusammensank. Er war sehr enttäuscht und ich war … ja, was eigentlich? Enttäuscht? Erleichtert? Ich glaube, ein wenig von beidem. Die Geschichte hatte schon erschreckend geklungen und ich war ein wenig beunruhigt ob der Tatsache, dass niemand wirklich bestätigen konnte, dass dieses Kind gesund ist.

Nachdem wir uns verabschiedet hatten, fuhren Kevin und ich schweigend nach Hause. Jeder hing seinen Gedanken nach und erst kurz vor unserer Autobahnausfahrt sagte er: »Ich weiß überhaupt nicht, was ich gerade fühlen soll. Ich hatte mich so gefreut. Dann klang die Geschichte total Horror, und als ich gerade dachte, das schaffen wir, fliegen wir raus. Großartig.«

Ich fuhr mit meiner Hand durch seine kupferfarbenen Locken und massierte seinen Nacken. »Es wird alles gut werden. Auch wenn es sich gerade nicht danach anfühlt. Schlimm finde ich nur, dass dieser kleine Wurm seit fast einem halben Jahr schon im Kinderheim sitzt. Wie furchtbar.« Wir seufzten gemeinsam tief und fuhren ohne ein weiteres Wort nach Hause.

Mitte Juni war dann also unsere Hochzeit. Es war ein wundervolles Fest. Es war wirklich einer der glücklichsten Tage in meinem Leben, so, wie ich es mir in meinen Träumen ausgemalt hatte. Wir wurden in einem kleinen Park getraut, vor einem im Jugendstil erbauten Jagdschlösschen. Die Sonne schien und die Gesellschaft saß unter einem liebevoll geschmückten Pavillon. Die Torte zierte unser Familienwappen, also das Wappen der Familie meines Mannes. Meine Schwiegermutter besitzt dazu auch noch ein altes Buch, das die Familiengeschichte bis ins 16. Jahrhundert zurückverfolgt. Die Ahnen meines Mannes gehörten dem niederländischen Bürgertum an und nach der Verbindung der Familien Silvergieter und Hoogstad führte man bis heute ein geteiltes Wappen, auf dem zum einen der Löffel des »Silbergießers« zu sehen ist und zum anderen ein Kreuz, umgeben von fünf Herzen. Und einen Namen, der den Rahmen fast aller amtlichen Dokumente und aller Kreditkarten sprengt. Sein Hochzeitsgeschenk an mich war ein Siegelring mit ebenjenem Wappen. Altmodisch und ekelhaft romantisch? Vielleicht ein bisschen.

Wir feierten mit Familie und Freunden bis zum Sonnenaufgang und nur drei Stunden später saßen alle mit mehr oder weniger zerknautschten Gesichtern beim Frühstück. So schön unsere Hochzeit war, so aufregend und leidenschaftlich vergingen auch unsere Flitterwochen. Wir nahmen eine Auszeit von allem. Na ja, fast allem. Natürlich begleiteten uns die Gedanken an einen ganz bestimmten kleinen Menschen, der irgendwo ohne Eltern im Heim saß. Man müsste einen neuen Begriff dafür finden. Scheinschwanger trifft es nicht. Dauerschwanger würde es eher treffen. Immer wieder gab es Momente, in denen wir uns anschauten und genau wussten, der andere denkt gerade auch daran.

Nach zwei wundervollen Wochen in Portugal kamen wir zurück und erwarteten erst einmal nichts. Deshalb war schon der erste Kontakt mit dem Jugendamt wieder eine Überraschung. Nachdem Kevin ein Telefonat mit Frau Dirlinger beendet hatte, sagte er völlig aufgeregt: »Der Kleine ist immer noch im Kinderheim. Man hat keine anderen Eltern finden können und sie fragen nun, ob wir uns immer noch vorstellen können, ihn kennenzulernen.«

Sofort war das Gefühlsdurcheinander wieder da. Freude, Zweifel, Aufregung, Sorge. Und so saßen wir nur drei Tage später erneut beim Jugendamt. Wir saßen auf dem Flur. Uns gegenüber eine Spielecke, in der sich ein kleines Mädchen hoch konzentriert mit einem kleinen Berg abgegriffener Bauklötze beschäftigte. Wir sollten heute die Mutter des Jungen kennenlernen. Mir war schlecht vor Aufregung und Kevin zuckte nervös mit dem Knie. Eine Kollegin von Frau Müller sagte uns, dass Frau Dirlinger heute nicht im Hause sei, Frau Müller aber gleich bei uns wäre.

Kurz darauf kam dann sie den Gang herunter und begrüßte uns mit ihrem kräftigen Händedruck und führte uns in ihr Büro. Noch ehe wir uns setzen konnten, begann sie zu sprechen: »Ich muss Ihnen gleich sagen, dass die Mutter nicht gekommen ist. Wir haben noch gestern mit ihr gesprochen, aber heute war sie nicht erreichbar und sie ist auch nicht wie vereinbart erschienen. Sie hätte schon eine Stunde vor Ihnen hier sein sollen, damit wir noch Gelegenheit gehabt hätten, alles in Ruhe mit ihr zu besprechen. Deshalb gehe ich jetzt davon aus, dass sie nicht kommen wird. Da der Junge nun aber schon so lange im Heim ist und es dringend Zeit wird, etwas daran zu ändern, wollen und können wir nicht auf die Mutter Rücksicht nehmen. Wir kennen dieses Verhalten auch nur zu gut. Wenn es ernst wird, ist es für die Mütter kaum zu ertragen und sie bleiben zunächst fern. Das wird sich hoffentlich später ändern. Jetzt aber wollen wir uns auf den jungen Mann konzentrieren, um den es hier eigentlich geht. Möchten Sie seinen Namen wissen? Und vielleicht auch ein paar Fotos sehen? Er heißt Tommy. Er ist blond und hat strahlend blaue Augen. Haben Sie sich denn schon überlegt, wie Sie das mit den Besuchen machen könnten? Könnten Sie vielleicht getrennt voneinander fliegen, damit wenigstens immer einer das Kind treffen kann?«

Während Frau Müller immer weiter erzählte und Kevin mit ihr über Details der möglichen Besuche sprach, fragte ich mich gerade, ob das alles ein Traum ist. Wir wollten Kinder. Bislang war es vor allem aber Theorie. Seminare, Gespräche mit dem Jugendamt, mit Familie und Freunden. Nun aber standen wir vor der nackten Realität und vor der Frage: »Wollen wir wirklich *dieses* Kind?«

Der Rest des Termins verging irgendwie sehr schnell. Frau Müller hatte schon den nächsten Termin im Nacken. Wir wurden aufgefordert, eine Nacht darüber zu schlafen. Das taten wir und ich schlief erwartungsgemäß miserabel. Kevin sagte morgens, auch er habe kein Auge zugetan. Die Wahrheit war, er hatte die ganze Nacht geschnarcht, wie ein Elch. Nachdem wir uns am nächsten Morgen nur kurz ausgetauscht hatten, riefen wir das Jugendamt zurück, um mitzuteilen, dass wir unser Möglichstes versuchen werden, damit immer einer von uns zu Hause sei und wir regelmäßige Treffen mit Tommy arrangieren könnten.

Und so kam es schließlich, dass wir im August 2015 in den Hof des Kinderheimes traten. Es tummelten sich einige Kinder im Hof. Sie wuselten im Sandkasten herum, kletterten auf einem Gerüst oder sausten mit Gokarts oder anderen Gefährten durch die Gegend. Frau K. sagte: »Da vorne, im Sandkasten. Der kleine Blonde mit der Brille.« Es setzte keine theatralische Hintergrundmusik ein und er wandte sich auch nicht um und kam in

Zeitlupe mit ausgebreiteten Armen auf uns zu gerannt. Nein. Er füllte gemächlich und konzentriert Sand in eine Gießkanne. Und schüttete ihn wieder aus. Und füllte wieder Sand hinein. Und versuchte ihn wieder auszuschütten. Aber etwas steckte in der Kanne. Er kämpfte ein wenig mit der Kanne und ich mit dem Impuls, zu ihm zu gehen und zu helfen. Man hatte uns schließlich zur Zurückhaltung gemahnt. Dann aber sprach Frau Müller: »Vielleicht braucht er ein wenig Unterstützung.«

Ich warf ihr einen unsicheren Blick zu. Sie lächelte und nickte mir bestärkend zu. Also stieg ich zu ihm in den Sandkasten. Es war so aufregend. Und befremdlich. Er war ein fremdes Wesen, ein fremder Mensch. Anders kann ich die ersten Minuten unserer Begegnung nicht beschreiben. Und diese Formulierung ist mir auch immer mal wieder begegnet, wenn ich anderen von meinen Kindern erzählte: »Ich weiß nicht, ob ich das könnte. Ein fremdes Kind aufnehmen.« Aber was ist einem fremd? Doch nur das, was man nicht kennt. Spätestens dann, wenn man das angekaute Essen seiner Kinder gedankenverloren verspeist, ist jedweder Abstand dahin, den man vielleicht mal empfunden haben mag.

Ich sagte: »Hallo.« Tommy hob den Kopf und blickte mich unsicher an. Ich fragte ihn, ob ich die Gießkanne mal anschauen dürfte. Er überlegte kurz und reichte sie mir dann. Ein Ast steckte im Hals der Kanne. Ich zeigte es ihm. »Schau, da steckt etwas drin. Deshalb kommt der Sand nicht mehr raus. Sollen wir es herausholen?«

Er nickte zaghaft. Er wirkte so verletzlich, klein und allein, und die ganze Tragweite der Tragik seines jungen Lebens traf mich in diesem Moment wie ein Hammer. Mir schossen Tränen in die Augen, die ich schnell wegwischte, und ich hoffte, niemand habe sie bemerkt. Aber dann spürte ich auch ein anderes Gefühl. Ein feines Kribbeln, tief in mir. Hoffnung. Der Gedanke, dass ich es bin, der etwas ändern kann am Unglück dieses Kindes. Dass ich einen Unterschied machen kann für dieses eine Kind und dass dieser kleine unschuldige Schatz eben nicht allein sein muss, schutzlos den Wirrungen des Lebens und der Bürokratie ausgeliefert.

Ich kann nicht wirklich behaupten, dass ich in diesem Moment eine Entscheidung gefällt hätte. Ich glaube, das Leben fällte diese Entscheidung für mich, für uns. In dem einen Moment fühlte sich Tommy noch völlig fremd an und im nächsten wollte alles in mir dieses kleine Geschöpf trotzdem an mich nehmen, es halten und beschützen. Nichts anderes mehr. Ich war im Spiel mit ihm gebannt und es war sicher einige Zeit vergangen, als ich Kevin neben mir bemerkte. Ein Blick genügte und ich wusste, dass wir nicht mehr würden sprechen müssen. Oder überlegen. Oder entscheiden. Er war genauso gebannt wie ich. Er war genauso verloren.

Nach dem ersten Kennenlernen bekamen wir ein paar Tage, um es zu verdauen. Standardprozedur. Wir bekamen darüber hinaus den Auftrag, ihm einen Brief zu schreiben. Wenn wir das Kennenlernen weiterführen wollten. Wir schrieben also einen kurzen Brief und legten Fotos bei – von uns, unserem gelben Haus und den Hühnern und Schildkröten im Garten. Im Kinderheim wurde der Brief in weiser Voraussicht laminiert, weil er ihn immer wieder in die Hand nehmen würde.

Es kam dann also der Tag, an dem wir ganz gezielt ins Kinderheim fuhren, um Tommy zu besuchen. Als wir ankamen, wurden wir zunächst im Erdgeschoss empfangen und dann durch ein karges, graues Treppenhaus nach oben geleitet.

Die Gruppen der Kinder waren nach Altersklassen unterteilt auf verschiedenen Stockwerken untergebracht. Im ersten Stock waren die Säuglinge. Säuglinge! Wieder traf uns die Realität wie ein Schock. Alles, was wir in den Seminaren gehört hatten, wurde uns nun praktisch vor Augen geführt. »Warum sind hier Säuglinge?«, dachte ich. »Wer verlässt sein kleines schutzloses Baby? Und welches Schicksal zwingt Menschen dazu, ihre Kinder hergeben zu müssen?« Kein gütiges, das ist sicher.

Wir stiegen in den zweiten Stock. Neben der Tür stand ein kleines buntes Sammelsurium von Kinderschuhen. Die Eingangstür wurde geöffnet und da stand er, umringt von sieben anderen Kindern, alle um die drei bis fünf Jahre alt. Alle mit großen, erwartungsvollen Augen. Das größte Mädchen, das die anderen um einen guten Kopf überragte, hatte Augen, aus denen Enttäuschung und Resignation sprachen. In anderen blitzte der Schalk. Ein kleines zierliches Mädchen schaute kritisch und runzelte die Stirn. Ich hätte sie alle einpacken und mitnehmen wollen. Alle acht, wie sie dastanden.

Aber wir waren für einen ganz bestimmten Jungen gekommen. Die Betreuerin fragte Tommy, ob er uns nicht sein Zimmer zeigen wollte, und versuchte, die übrige Truppe zu zerstreuen, die uns natürlich zunächst neugierig an den Fersen hing. Tommys Zimmer lag den Flur hinunter auf der rechten Seite. Es war ein langer, schmaler Flur; links und rechts lagen die mal mehr, mal weniger großen Kinderzimmer sowie ein Bad mit den kleinsten Toilettenschüsseln, die ich je gesehen habe. Und mit kleinen, ganz niedrig angebrachten Waschbecken.

Die sieben Zwerge hätten ihre Freude an diesem Bad gehabt …
»Wer hat mein Waschläppchen benutzt? Und wer hat aus meinem Zahnputzbecherchen getrunken?«

Das Bad war schlicht rührend. Alles war sehr sauber und aufgeräumt. Nichts lag am Boden herum. Als wir in Tommys Zimmer kamen, mussten wir aber erst einmal tief durchatmen. Es war sehr groß und sehr leer. Auf der einen Seite stand ein Gitterbett und auf der anderen lag eine Matratze am Boden. In der Ecke stand noch ein kleiner Tisch mit einem Stühlchen. Die Wände waren in einer freundlichen Farbe gestrichen, aber es wirkte auf mich doch kahl und leblos, denn zu Hause waren wir gerade dabei, sein Zimmer möglichst liebevoll und behaglich zu gestalten.

Tommy lebte seit mehr als sechs Monaten im Kinderheim. Ohne seine Familie, ohne seine Mutter, umringt von fremden Menschen. Wie verlassen er sich fühlen musste. Ich atmete tief durch und blinzelte ein paar Mal. Dann versuchten wir vorsichtig mit ihm zu sprechen. Ich erinnerte mich an die Aussage der Heimmitarbeiter, dass er sogar Ja und Nein kaum unterscheiden könne. Ich merkte aber bald, dass das nicht immer so war. Es hatte nur niemand Zeit, ihm wirklich zuzuhören. Und er war so unsicher, dass er viele Fragen einfach gar nicht beantworten konnte, weil er sich nicht traute. Selbst wenn sie ihn betrafen. Wir begannen also ganz sachte und fragten ihn, ob er unseren Brief bekommen habe. Er nickte schüchtern und holte ihn schnell hervor. Er hatte auf dem kleinen Tisch in der Ecke gelegen.

Er zeigte auf die Hühner und ich sagte: »Das sind Emma, Lotta und Pauline. Wir haben vier Hühner. Das vierte Huhn heißt Gertrud, aber sie wollte nicht mit aufs Foto.« Ich zeigte auf ein anderes Foto: »Die Schildkröten heißen Lilly, Leopold und Ludmilla. Vielleicht kannst du sie ja bald einmal kennenlernen.«

Er schaute uns mit großen Augen an. Er hat wundervolle blaue Augen. Ich fragte ihn, wo er denn schlafe. Er zeigte uns sein Bett mit seinem Schnuffeltuch darin.

»Ist das dein Schnuffeltuch?«, fragte ich.

Ein leises »Ja« kam ihm über die Lippen. Er war schon etwas weniger zaghaft, taute ganz langsam auf. Dann lief er zur Tür und winkte, weil er uns etwas zeigen wollte. Wir sollten mitkommen. Ich stand auf und ging mit ihm aus dem Zimmer und dann bis ans Ende des Flurs. Dort stand eine Kommode. Sie hatte Schubladen mit einer durchsichtigen Front und in jeder Schublade war Spielzeug. Eine der Betreuerinnen erklärte mir, dass die Kinder die Spielsachen mit in ihr Zimmer nehmen dürften und sie dann nach dem Spiel ordentlich wieder zu verstauen hatten und die Schublade zurück in die Kommode käme. »Deshalb sieht es hier auch so aufgeräumt aus«, dachte ich.

Ich fragte ihn: »Möchtest du etwas mit in dein Zimmer nehmen?«

Er nickte.

»Womit magst du denn spielen?«, fragte ich weiter.

Er zeigte stumm auf eine Schublade und versuchte gleich darauf, sie herauszuziehen. Nachdem er sie komplett herausgenommen hatte und mit dem Gewicht der Schublade kämpfte, schaute er mich hilfesuchend an.

»Soll ich die Schublade nehmen?«, bot ich ihm an.

Er lächelte nur, und ich nahm die Schublade, während er glucksend zurück Richtung Zimmer hopste. Dort hielt er an und drehte sich um, um zu schauen, ob ich auch kommen würde. Wir bauten die Holzeisenbahn gemeinsam auf. Er wirkte unsicher und hatte Probleme, die Gleisteile aneinanderzufügen. Ich half ihm und stellte dann auch gemeinsam mit ihm eine Holzlokomotive in die Schiene. Dann war das Spiel im Gange und wir fuhren eine Weile gemeinsam mit den Loks und Wagen hin und her. Immer wieder schaute er mit einer Mischung aus Scheu und Neugier auf mich, als warte er darauf, was ich als Nächstes tun würde. Oder als hätte er ständig Angst, ich würde mich in Luft auflösen. Dann brach er das Spiel ab und begann aufzuräumen. Er räumte alles sorgfältig in die Schublade und deutete an, dass er eine andere holen wolle. Er war nun richtig aufgetaut.

Wir holten ein Puzzle. Es waren große Pappbilder, die aus zwei Teilen bestanden. Er war sehr aufmerksam und interessiert und setzte mit ernster Miene die Teile zusammen. Die richtigen Bildausschnitte zu kombinieren fiel ihm nicht schwer, die Teile zusammenzustecken dafür sehr. Seine Feinmotorik war sehr wenig ausgebildet und wir halfen ihm ganz vorsichtig. Er jauchzte und klatschte in die Hände bei jedem zusammengelegten Paar.

Die vereinbarte Stunde war schnell vorüber. Viel zu schnell. Wir sagten ihm, dass wir nun gehen müssten. Sein verlorener Blick war kaum zu ertragen. Wir versicherten ihm, dass wir ganz bald wiederkämen, und er schaute nur traurig und blieb stumm. Das Herz wurde mir schwer und auch Kevin schaute bedrückt.

Ich erinnerte mich in diesem Moment an ein Gespräch, das ich bei unserem ersten Besuch dort mit einer Betreuerin Tommys geführt hatte. Ich hatte sie gefragt: »Darf ich Sie fragen, wie es ihm denn hier geht? Ich meine, verstehen Sie mich nicht falsch. Aber so ein kleines Kind, dem seine Mutter weggenommen wird. Also, ich denke, so wird er es ja zumindest empfinden. Ich bekomme da offen gestanden fast ein schlechtes Gewissen, dass er jetzt mit uns vorliebnehmen muss.«

Sie schaute mich ernst an und erwiderte: »Wissen Sie, als Tommy hier zu uns ins Heim kam, vereinbarten wir Besuchstermine mit seiner Mutter. Wenn sie kam, war es richtig schön, die beiden zu beobachten. Sie bemühte sich um ihn und spielte mit ihm, und er schien sich sichtlich wohl zu fühlen. Aber da waren dann eben auch die Tage, an denen sie nicht erschien. Wir hatten ihn natürlich auf den Besuch vorbereitet, er stand im Hof am Zaun und wartete. Wenn es dann später Nachmittag wurde, mussten alle Kinder rein, um sich zu waschen und zu Abend zu essen. Er war dann kaum von dem Zaun wegzubekommen. Er hielt sich fest und rief immer wieder: »Mama, Mama komme.« Das war selbst für uns schwer zu ertragen.

Manchmal kam sie dann so spät, dass wir sie wieder wegschickten, weil die gemeinsame Zeit so kurz gewesen wäre, dass der Abschiedsschmerz die Freude überwogen hätte. Deshalb setzten wir die Besuche von einmal wöchentlich auf einmal im Monat. Aber selbst das hat sie nicht geschafft. Seien Sie versichert, dass verlässliche Eltern, die für ihn da sind und ihm Halt geben, alles ist, was er jetzt braucht. Da ist es wurscht, dass Sie zwei Männer sind.«

Ihn im Kinderheim zurückzulassen war deshalb schon bei diesem ersten Mal so unglaublich schwer, dass ich mir nie hätte träumen lassen, dass es eine Steigerung geben könnte. Es kam anders.

Es war der zweite Besuch, zu dem eigentlich geplant war, dass wir mit ihm im Hof spielen sollten. Wir waren zunächst mit ihm in sein Zimmer gegangen und gaben ihm erst einmal Zeit zu begreifen, dass wir tatsächlich zurückgekehrt waren. Er schien sich zu freuen. Wir freuten uns noch mehr. Eine Betreuerin fragte, ob wir nicht Lust hätten, mit ihm und den anderen Kindern auf den Spielplatz in der Nähe zu kommen. Wir willigten ein, denn das karge Zimmer wirkte auf uns ein wenig beklemmend und auf einem Spielplatz könnten wir besser mit ihm spielen und toben.

Wir gingen also mit all den anderen Kindern zum Spielplatz. Es war schon ein ordentliches Stück zu laufen für die kleinen Zwerge. Alicia, die Betreuerin, die uns begleitete, erklärte mir, dass es keine andere Lösung gäbe. Man habe weder einen Kleinbus, um die Kinder zu kutschieren, noch eine genügende Anzahl von Betreuern, um die Kinder in Wagen oder Ähnlichem herumzuschieben. Noch heute hat unser Sohn eine große Ausdauer, wenn es darum geht, weite Strecken zu marschieren. Dies und die Angewohnheit, Wasser zu trinken und es allen anderen Getränken vorzuziehen, sind ihm aus der Zeit im Kinderheim geblieben.

Wir liefen also gemeinsam zum Spielplatz mit einer Betreuerin und den übrigen Kindern aus seiner Gruppe. Die anderen Kinder waren neugierig und suchten ebenfalls unsere Aufmerksamkeit. Sebil, das kleine Mädchen mit dem kritischen Blick, fragte mir Löcher in den Bauch. Bayoo, ein Junge mit einer Haut so schwarz, wie Tommys weiß war, griff ganz unbekümmert nach meiner rechten Hand, während ich Tommy an der linken hielt. Ich sah Kevins Blick, und er konnte in meinen Augen die Antwort auf sein Grinsen lesen: »Nein, wir können nicht gleich zwei mitnehmen.« Sein Grinsen wurde noch breiter. Wir hätten uns am liebsten zerteilt, um für alle da zu sein.

Auf dem Spielplatz aber schaffte uns die Betreuerin Raum, indem sie die anderen Kinder in einen anderen Teil des recht großen Areals lotste. Wir spielten mit Tommy im Sand und machten zaghaft ein paar erste Fotos als Erinnerung an diese bewegende Zeit. Diese zu betrachten fällt mir heute noch schwer. Auf einem spielt Kevin mit ihm im Sand. Auf einem anderen hält er ihn vorsichtig im Arm, ganz achtsam, um ihn nicht zu überfordern. Auf einem anderen spielen beide auf und unter einer kleinen Hängebrücke »Kuckuck«, und ich höre noch sein kleines Jauchzen, das er dabei immer wieder hervorstieß.

Die Fotos bringen nicht nur Freude zurück. Auch hier bleibt die verklärte Romantik der Theorie auf der Strecke. Es ist nicht erfreulich zu sehen, wie sich dieses verlassene kleine Wesen nach uns ausstreckte, aus Sehnsucht nach irgendjemandem, der sich seiner annahm. Sie lassen mich eher traurig zurück. Aber auch das gehört zur Realität, und es fügt sich ein in unsere gemeinsame Geschichte.

Man muss dazu aber auch wissen, dass die Mitarbeiter des Kinderheimes angehalten sind, keine enge Bindung zu den Kindern aufzubauen, damit diese sich nicht an sie gewöhnen. Schließlich sollen sie alle ja günstigenfalls in neue Familien vermittelt werden. Natürlich wurden die Kinder in den Arm genommen oder getröstet, wenn sie sich wehgetan hatten. Aber ein »Ich hab dich lieb. Du bist mein Schatz, mein Stern, mein Goldstück, mein Herz, mein Fröschlein, meine Motte, mein Baby, mein Ein und Alles, mein Schnuffelpuff« war nicht auf dem Plan. Alles, was ich meinen Kindern heute nicht oft genug sagen kann. »Du bist das Wichtigste in unserem Leben.« Ohne all das musste er sein, über ein halbes Jahr lang, in dem er seine Mutter nur wenige Male sah. Jeder, der Kinder hat und dieses Buch liest, stelle sich sein Kind vor, bei fremden Menschen. Ohne die Liebe, die wir jeden Tag ausschütten. In der wir unsere Kinder baden und von der sie nie genug bekommen können. Ein ganzes halbes Jahr.

Nach einer guten Stunde auf dem Spielplatz kündigte die Betreuerin an, dass sie mit den Kindern schon zurückgehen würde, wir könnten ja noch ein wenig bleiben und dann mit Tommy gemeinsam zurück zum Heim laufen. Sie traue es uns und ihm zu. Wir spielten also noch ein wenig und freuten uns ob der weiteren gemeinsamen Zeit. Wir setzten ihn auf eine Schaukel, aber das fand er gruselig. Er war in vielen seiner Reaktionen sehr verhalten und unsicher, und wir bekamen eine Ahnung davon, dass es ein langer, langer Weg werden würde, bis er das fröhliche, selbstbewusste Kind sein würde, das wir vor unserem geistigen Auge sahen.

Nicht ganz so lang war der Weg zurück ins Kinderheim. Und doch kam der Punkt, an dem wir ihn antreten mussten. Als wir uns schließlich auf den Weg machten, ging Tommy zwischen uns, eine Hand in Kevins, eine Hand in meiner. Wir schauten uns über seinen Kopf hinweg an und zum ersten Mal breitete sich der Hauch des Gefühls aus, was wir einmal sein könnten. Was wir wirklich werden könnten. Eine Familie. Papa, Papi, Kind. Wir und unser Liebling.

Gedankenverloren liefen wir im Licht der Nachmittagssonne. Ich schaute zu Tommy. Er schaute zu mir hoch und warf mir einen unschuldigen Blick aus einem blutverschmierten Gesicht zu. Mein Herz schlug plötzlich rasend schnell, ich sprach Kevin aber ganz vorsichtig an: »Liebling. Bleib jetzt ganz ruhig. Nicht erschrecken. Tommy ist im ganzen Gesicht blutig. Ich glaube, er hat Nasenbluten.«

Hier war unser Moment, der Moment, den alle Eltern erleben. Der Moment, nach dem man nie wieder ohne Taschentücher aus dem Haus geht. Feuchttücher, für Fortgeschrittene. Wir hatten das Glück, dass Tommys Nasenbluten tatsächlich bereits vorbei war. Er hatte das Blut von uns unbemerkt mit der Hand weggewischt und überall verteilt, weshalb er nun wie eine Puppe aus einem für Halloween dekorierten Schaufenster aussah. Wir blieben also ruhig, setzten unseren Weg fort und reinigten sein Gesicht nach der Rückkehr im Heim. Wir wuschen sein Gesicht an einem der kleinen Waschbecken und mussten uns dann auch schon verabschieden, da er mit den anderen Kindern gemeinsam zu Abend essen sollte.

Als wir zur Tür gingen, fing er an zu weinen. Wir versuchten ihn zu beruhigen, aber das machte es nur noch schlimmer. Schließlich heulte er auf wie ein verwundetes Tier und die Betreuerin deutete uns an zu gehen, da wir nichts tun könnten. Es war furchtbar. Wir eilten durch das Treppenhaus ins Erdgeschoss und zur Haustür hinaus. Dort, auf der Straße angelangt, fielen wir uns in die Arme und weinten.

Nach diesem zweiten Treffen mit Tommy hatten wir am Tag darauf einen Termin. Frau Müller wollte unsere Einschätzung hören. Sie sagte: »Bitte, hören Sie genau in sich hinein. Wenn es auch nur den leisesten Zweifel bei Ihnen gibt, ob Sie dieses

Kind wirklich aufnehmen möchten, dann müssen wir die An-bahnung abbrechen, damit er sich nicht weiter an Sie gewöhnt.«

Wir sollten uns also nach zwei Treffen noch einmal die Frage stellen: »Wollen wir wirklich dieses Kind?« Aber welche Eltern fragen sich das denn: »Wollen wir wirklich dieses Kind?« Man bekommt ein Kind, man sucht es sich nicht aus. Und genau-so seltsam fühlte es sich an, als man uns diese Frage stellte. Natürlich waren wir nicht sicher. Tommy kennengelernt zu haben war so bewegend. Wir waren nach den zwei Tagen voller Fragen. Was war ihm wirklich passiert, bevor er ins Heim ge-kommen war? Weshalb sprach er nicht? Würde er irgendwann ganz normal sprechen lernen? Unser Eindruck war, dass er ein sehr schlaues Kind war. Aber wir waren keine Experten. Wir mussten uns eingestehen, dass es viel zu viele unbestimmbare Faktoren gab, als dass wir eine rationale Entscheidung hätten fällen können.

Als ich meine Schwester um Rat fragte, sagte sie: »Ach, weißt du, es ist nichts sicher im Leben. Auch eines meiner Kinder kann morgen krank werden und daraufhin eingeschränkt sein. Und ich weiß auch nicht, wie sie sich entwickeln werden. Da gibt es für niemanden eine Garantie.«

Also verließen wir uns auf unser Gefühl. Denn wir empfan-den schon wirklich sehr viel für den kleinen Wurm. Und wir waren ja auch nicht losgezogen, um uns ein Kind auszusuchen. Stattdessen denke ich manchmal, dass er es war, der uns aus-gesucht hat. Vielleicht liegt die Wahrheit mal wieder irgendwo dazwischen. Irgendwo zwischen der Romantik, die wir irgend-wann mal im Kopf hatten und die uns nachhaltig in vielen Se-minaren ausgetrieben werden sollte und der harten Realität und den ewig wiederholten Zurufen: »Sie sind nicht die leiblichen Eltern. Sie können die Mutter niemals ersetzen.«

Der nächste Besuch im Kinderheim sah vor, dass wir mit ihm allein zu demselben Spielplatz gehen würden, diesmal aber ohne die anderen Kinder und ohne eine Betreuerin vom Kinderheim. Er genoss unsere Aufmerksamkeit und wir sein zögerlich wachsendes Vertrauen. Hier entstand dann auch ein Foto, das ich heute schon mit wohligerem Gefühl betrachten kann. Auf dem Foto lehnen wir uns beide über ein Brückengeländer, denn der Weg zum Spielplatz führte über einen kleinen Bach. Tommy schmiegt sich an mich, während wir beide nach unten schauen und vorbeischwimmende Stöcklein und Blätter betrachten. Eine erste zarte Vertrautheit spricht aus unseren Gesichtern auf diesem Bild.

Die gemeinsamen Flüge, die Kevin und ich in jenem Monat hatten, sind bis zum heutigen Tag unsere letzten gemeinsamen Flüge geblieben.

Nachdem wir also einen weiteren gemeinsamen Flug hinter uns gebracht hatten, auf dem wir ihn schon schmerzlich vermissten, folgte der erste lange gemeinsame Tag mit Tommy. Wir planten einen Ausflug innerhalb des Stadtteils, in dem das Heim lag. Wir gingen mit ihm Eis essen und anschließend in den Park, denn es war ein sehr schöner, sonniger Tag. Wir fingen langsam an, uns weniger wie die unbeholfenen Besucher zu fühlen und mehr wie drei Menschen, die zusammengehören sollten. Wollten. Wir tobten mit ihm über die Wiese, pusteten gemeinsam Löwenzahn (wir pusteten, er gackerte) und rollten durch den Rasen. Es war einer der Momente, in denen ich spürte, dass Kevin ein wunderbarer, liebevoller und verspielter Vater sein würde, der unsere Kinder immer zum Lachen bringen würde.

Der darauffolgende Ausflug am übernächsten Tag führte uns in den Zoo und würde ebenfalls ein roter Faden in unserem Leben bleiben. Ich weiß nicht, wie oft Tommy und Kevin mittlerweile schon im Zoo waren. Unzählige Male. Es ist eines ihrer Papi-Sohn-Rituale geworden. Als wir schon eine Stunde durch den Zoo geschlendert waren und diese und jene Tiere angeschaut hatten, machte sich ein übler Duft um Tommy herum bemerkbar. Man hatte uns Windeln mitgegeben, aber ich hatte das völlig verdrängt, und Kevin und ich schauten uns mit großen Augen an, bis ich knapp sagte: »Ich mach das dann mal.«

Geübte Mütter werden jetzt lachen über zwei Väter, die ihr Kind zum ersten Mal wickeln müssen. Für mich war es ein sehr persönlicher Moment und eine wesentliche Handlung, die die Versorgung eines Kindes auszeichnet. Es fühlte sich neu und gut an, und ich war ein klein wenig stolz, als Tommy frisch verpackt und deutlich erleichtert wieder losspazierte.

Ein wenig später kamen wir zu den Kamelen. Neben dem Gehege war ein kleiner Spielplatz und wir spielten ein wenig und aßen mitgebrachte Brote und Obst, ehe Kevin uns einen Kaffee holte und wir Tommy allein im Sandkasten vor sich hin werkeln ließen, während wir das dampfend heiße Getränk genossen. Wir saßen einige Minuten so da, als Tommy plötzlich aufstand und nach den Kamelen schaute. Ich dachte mir nichts dabei und sah ihm dabei zu, wie er langsam am Geländer des Geheges entlangschlenderte, um dann auf den nächsten Gehweg abzubiegen und fortzulaufen. In aller Ruhe. Ich dachte erst, dass er uns vielleicht aus dem Blick verloren hätte und nun suchte. Aber er ging ohne Hatz und ohne sich umzuschauen einfach weiter und weiter. Ich gab Kevin Bescheid und ging Tommy nach. Als ich sicher war, dass er uns nicht suchte und auch nicht umkehren würde, holte ich ihn ein und fragte ihn, wo er denn hinwolle. Er schaute mich nur an und antwortete nicht. Ich war hin- und hergerissen. Ein Teil von mir war verletzt, hatte ich mir doch eingebildet, er freue sich, mit uns unterwegs zu sein. Ein anderer Teil wollte ihn tadeln, weil er fortgelaufen war, ohne Bescheid zu geben. Und dann kamen die vielen Gedanken hinzu, wie: »Vielleicht sucht er nach seiner Mama. Oder will einfach nur weg. Oder er nimmt uns doch nicht an.« Eine bohrende Ungewissheit ergriff mich und ich fragte mich nicht zum letzten Mal, ob wir auch wirklich die beste Lösung für ihn sind.

Nach dem Ausflug in den Zoo sollte Tommy zwei Tage später das erste Mal zu uns nach Hause kommen. Wir hatten große Mühe, neben den Besuchen im Kinderheim und unserer Arbeit, die uns ja nicht wie andere Berufe am Abend wieder nach Hause führte, auch noch das Kinderzimmer zu renovieren und einzurichten. Wir hatten ja »erst« zwei Jahre zuvor das Haus kernsaniert und renoviert – und wie alle Menschen, die jemals ein Haus renoviert haben, nachvollziehen können: Wenn das Grobe erst einmal gemacht ist, kann der Rest ein wenig warten. Man ist ja froh und glücklich, erst einmal wieder leben zu können und nicht nur zu schuften. Dazu kam, dass wir ja keine Ahnung hatten, ob wir einen Jungen oder ein Mädchen bekommen würden. Und anfangs dachten wir zumindest, es würde in der Einrichtung des Zimmers einen Unterschied machen. So war es dann doch nicht. Es wurde weder der rosa Prinzessinnentraum noch die dunkelblaue Piratenhöhle. Dafür hatten wir aber liebevolle Unterstützung. Unsere wunderbare Familie war für uns da und gemeinsam rissen wir Tapeten herunter, spachtelten Löcher zu und strichen die Wände. Ein hellblauer Himmel über einer hellen Wiese. Meine Mutter malte die grüne Wiese, meine Nichte pinselte dazu eifrig Schmetterlinge und Bienen, und meine Schwester, mein Schwager und ich zeichneten einen großen Baum in die Ecke. Ihn sollten später je nach Jahreszeit Blüten, Obst und bunte Blätter zieren.

Mein Mann war fürs Catering zuständig. Nicht, dass mein Mann nicht auch streichen kann. Wir teilten uns einfach die Aufgaben nach unseren Stärken. Das Zimmer war jedenfalls fertig, bevor Tommy uns das erste Mal besuchte.

Ich erinnere mich noch sehr gut, wie aufgeregt wir schon wieder waren. Das Nest, an dem wir so eifrig gearbeitet hatten, das Zuhause, in dem wir so überglücklich waren, dass wir dieses Glück so gerne teilen wollten, dieses Zuhause war nun so weit, mit noch mehr Leben gefüllt zu werden. Wenn hier an der einen oder anderen Stelle der Eindruck entsteht, dass wir die totalen Heulsusen seien, so würde ich dem gerne widersprechen. Aber es waren auch einfach viele, sehr bewegende Momente, die uns in dieser Zeit widerfuhren und dazu gehörte ganz sicher auch dieser Tag.

Wir hatten seinerzeit einen Esstisch, an dem vier Personen Platz hatten. Er hatte eine leicht rötliche Holzfärbung auf der Tischplatte, eine scheinende Oberfläche und weiße Beine. Man konnte ihn ausziehen und bequem zu acht daran sitzen. Es war ein herrliches Möbelstück, an dem ich sehr hing. Unsere vier

Stühle standen normalerweise zwei und zwei gegenüber. Der Tisch war rechteckig und es bot sich an, an der langen Seite nebeneinanderzusitzen. Als Tommy nun zu uns kam, hatten wir die Anordnung der Stühle verändert. Wir hatten einen Stuhl an jede Seite gestellt, sodass Kevin und ich uns gegenübersitzen würden und er an der Stirnseite zwischen uns beiden.

Als der Wagen vorfuhr, gingen wir in den Hof. Wir waren ganz tapfer und begrüßten ihn freudestrahlend, anstatt dem emotionalen Druck Luft zu machen und heulend und kreischend im Hof zu liegen. Das war uns doch schon mal gut gelungen. Als er vorsichtig in unseren Hof tapste, fiel mir auf, wie klein er ist. Also nicht körperlich klein für sein Alter. Nein, einfach ein kleiner Mensch. Ein unschuldiger junger Mensch, der noch alles vor sich hatte und doch schon so viel hinter sich und gleichzeitig so viel an Entwicklungschancen verpasst hatte. Wie komplex ein so junges Leben schon sein kann. Nachdem er mich schüchtern angelächelt hatte, fragte ich ihn: »Magst du unseren Garten und die Hühner sehen?« Er nickte nur und stapfte schon bald durch unseren Garten. Den Hühnern begegnete er mit großer Zurückhaltung. Zu seiner Verteidigung: Hühner können ein wenig gruselig sein. Vor allem, wenn man erlebt hat, wie erbarmungslos sie sich auf ihre Nahrung stürzen. Nicht umsonst bezeichnet man sie als Nachfahren der Dinosaurier, und viermal »Tyrannosaurus Huhn« im Garten herumspazieren zu haben ist schon eine spannendere Angelegenheit als ein kleiner Hamster oder ein kuscheliges Kaninchen.

Nach der Tour durch den Garten und ersten zaghaften Spielversuchen kamen wir über die Terrasse ins Haus. Wir hatten den Kaffeetisch gedeckt und Muffins besorgt. Der Besuch wurde uns deutlich erleichtert durch die sehr sympathische und einfühlsame Mitarbeiterin des Kinderheims. Sie war aufgeschlossen und lebendig, fröhlich und uns zugeneigt. Sie beobachtete, wie sehr sich Tommy uns schon zugewandt hatte, und freute sich für ihn und uns. Sie war sich sicher, dass alles auf einem guten Weg war. Sie spendete uns Zuversicht, die wir im Jugendamt kaum erfuhren, und dafür waren wir sehr dankbar.

Tommy mampfte zwei Muffins mit ernster, aber zufriedener Miene, und wir bekamen schon eine leichte Vorahnung davon, welche Kühlschrankgröße wir uns später einmal anschaffen müssten. Aber ich möchte mich keineswegs beschweren. Wenn ich die Essensarien in so vielen Familien erlebe, mit endlosen Diskussionen und dem Geschacher um jedes Häppchen, das das Kind partout nicht essen möchte, bin ich ausgesprochen dankbar und glücklich. Unsere beiden Kinder essen gerne und viel und sind meistens bereit, etwas Neues zu probieren, um sich selbst ein Urteil zu bilden. So erweitert sich der kulinarische Horizont stetig, und wir erleben keine Einschränkungen in der Entwicklung unserer Kochkünste. Statistisch gesehen stehen Nudeln bei uns zwar auch häufiger auf der Mittagskarte. Aber immerhin nicht jedes Mal mit Tomatensoße. Und dabei mag ich Nudeln mit Tomatensoße auch sehr gerne. Aber immer mit einem frischen, knackigen Salat dazu – nur um alle Ernährungsberater gleich zum Schweigen zu bringen.

Als Tommy seine Muffins schließlich verspeist hatte, zeigten wir ihm sein Zimmer.

»Gefällt dir das Zimmer?«, fragte Kevin ihn. »Das ist dein Zimmer, wenn du magst. Mit allem, was darin ist. Schau dich nur in Ruhe um.«

Als Antwort warf er sich aufs Bett und quietschte vergnügt. So schwierig sein Leben auch war, es gab auch für ihn kleine Momente der Ausgelassenheit und der puren Freude. Diese kleinen Momente schlichen sich in diesen Tag, und ihn dabei erleben zu dürfen, berührte unser Herz. Auch die Betreuerin war berührt und befand, dass sie uns ein wenig gemeinsame Zeit gönnen wolle. Sie verkündete, dass sie hierzu schon mal nach Frankfurt fahren würde und wir Tommy in gut anderthalb Stunden dort abliefern sollten. Er war überhaupt nicht verunsichert, sondern genoss es sichtlich, ungestört von anderen Kindern unsere volle Aufmerksamkeit zu haben und dazu noch die neue Umgebung erkunden zu dürfen.

Als wir ihn dann am späten Nachmittag im Heim abgaben, fühlte es sich einfach nur falsch an. Er sollte nicht mehr dort bleiben müssen. Es war ein wenig so, als hätte man dem Esel die Karotte vor die Nase gehalten und würde sie nun wieder wegziehen. Auch Tommy war einmal mehr völlig außer sich. Es war eine ambivalente Situation. Einerseits wuchs sein Vertrauen in uns, und er gewöhnte sich an uns, aber damit wuchs andererseits allem Anschein nach auch seine Angst, wieder alleingelassen zu werden.

Auch dies ist leider einer der roten Fäden, die sich bis heute durch sein Leben im Allgemeinen und unsere Beziehung im Besonderen ziehen. Je näher wir zusammenwachsen, umso größer wird die Verlustangst. Wir geben die Hoffnung nicht auf, dass sich das eine Tages ändern wird. Ich habe manchmal das Gefühl, dass wir ihm das nicht vermitteln können. Ich kann ihm hundertmal sagen, dass ich immer für ihn da sein werde, und er wird mich zweihundertmal fragen, ob ich immer bei ihm bleibe. Vielleicht wird Annika vermitteln. Sie ist ein ganz anderer Typ. Neugierig. Extrovertiert. Vertrauensvoll. Sie könnten unterschiedlicher nicht sein, und ich bin von Hoffnung erfüllt, dass sie sich gegenseitig ergänzen, bereichern, beschenken werden. Füreinander da sein werden. Und vielleicht wird sie es sein, die ihren Bruder das Vertrauen lehrt, dass er so früh verloren hat. Es waren Erwachsene, die ihn im Stich gelassen haben. Vielleicht haben wir deshalb schon einen Punktabzug in der B-Note.

Das nächste Treffen, das wir mit Tommy hatten, sollte wieder bei uns zu Hause stattfinden. Diesmal aber sollten wir ihn abholen und wiederbringen, ohne dass irgendjemand sonst dabei wäre. Da an diesem Morgen unsere Zugehfrau da gewesen war, standen die Stühle an unserem Esstisch wieder wie immer. Zwei auf der einen Seite, zwei auf der anderen. Als wir mit Tommy ins Haus kamen, ging er schnurstracks auf den Tisch zu. So klein er auch war, so energisch zerrte er einen Stuhl unter dem Tisch heraus, schob ihn herum und stellte ihn an den Ort, wo er das letzte Mal gestanden hatte. An seinen Platz zwischen uns beiden. Ein Moment, den wir beide nie vergessen werden und der Worte überflüssig machte.

Und so kam es dann auch, dass sein Einzug bei uns seitens des Jugendamtes fest geplant wurde. Es gab noch einen Termin beim Arzt, dem Kevin allein beiwohnte, da ich fliegen musste. Danach hieß es, es könne vielleicht noch eine Woche dauern. Aber schon einen Tag nach dem Arztbesuch kam die Nachricht, dass wir Tommy in zwei Tagen holen könnten, zu uns nach Hause. Ohne ihn wieder ins Heim zurückbringen zu müssen. Dies war in jenem Moment schier unbegreiflich. Aber würde dies auch bedeuten, ihn überhaupt nie wieder hergeben zu müssen? »Wer weiß das schon«, dachten wir. Und in diesem Moment war sie dann aber wirklich da. Die Freude. Denn nun hatten wir einen Anfang. Ein gutes Gefühl. Und jemanden, der uns dieses Gefühl auch zurückgab. Keine Theorie mehr. Keine Trockenübung. Wir würden Eltern sein, live und in Farbe und mit allem, was dazugehörte.

Und so kam er dann, der große Tag. Tommy hatte im Kinderheim ein Abschiedsfrühstück mit den anderen Kindern gehabt. Als wir dort ankamen, war er angemessen aufgeregt. Und er war bereit zu gehen. Es gab noch Formalitäten zu erledigen, ein wenig Papierkram und eine Übergabe der wenigen Dinge, die er mitgebracht hatte. Zum Abschluss bekam er ein Fotoalbum, das die Betreuerinnen liebevoll zusammengestellt hatten und das er noch oft in die Hand nehmen und durchblättern sollte. Ein Album, das einen Teil seines jungen Lebens dokumentierte.

Dann nahmen wir ihn an die Hand und verließen das Kinderheim. Die Sonne schien. Es war ein guter Tag. Und wir? Wir waren die zarte Saat einer kleinen Familie. Einer ungewöhnlichen kleinen Familie. Zwei Männer. Mit siebzehn Jahren Altersunterschied. Verheiratet. Fest entschlossen, gute Eltern zu werden. Und ein kleiner Junge. Blond, hellhäutig, mit großen ernsten Augen, den wir beide zwischen uns an den Händen hielten. Und der unsere Hände hielt. Fest. Entschlossen.

9
Vater werden ist nicht schwer, Vater sein dagegen sehr

René

Wenn eine Frau schwanger wird, hat sie ungefähr neun Monate Zeit, um sich mit dem Gedanken an ein Leben mit Kind auseinanderzusetzen. Sie kann sich mit einschlägiger Lektüre bewaffnen und sich Rat holen von all jenen, denen sie vertraut. Und dazu noch viele unerwünschte Ratschläge sammeln, von all jenen, die sie freizügig und ungefragt verteilen.

Kevin und ich hatten theoretisch ein ganzes Jahr Zeit, um uns vorzubereiten. Und wir hatten uns nicht nur Literatur besorgt, sondern mussten verpflichtend auch noch Seminare besuchen. Und natürlich bemüht man auch den gesunden

Menschenverstand. Dass aus einer vollen Windel keine schimmernde Perlenkette zum Vorschein kommt, war auch mir glasklar. Dass es aber riecht wie ein Chemieunfall bei BASF, darauf bereitet einen niemand vor. Und wer denkt denn zum Beispiel daran, dass es in einem schwulen Männerhaushalt wenig Expertise mit dem weiblichen Geschlechtsorgan gibt? Aber auch das will bei einem Baby gepflegt sein. Frau mag jetzt lachen, aber es gab diesen Moment, in dem ich meinem Mann tief in die Augen schaute und sagte: »Herrje, wir brauchen eine Gebrauchsanweisung!«

Also holten wir uns Rat und begegneten Klassikern wie »Immer von vorne nach hinten wischen« und wuchsen schließlich auch da hinein. Und natürlich steht auch in unserem Bücherregal ein Buch mit dem Titel: »Oje, ich wachse!« Ein ebenso nützliches wie furztrockenes Buch, wie ich finde. Ich habe bei jeder kleinen Anekdote auf eine Pointe gewartet. Stattdessen wurde ich mit wissenschaftlichen Erklärungen konfrontiert, die überhaupt nicht amüsant waren, sodass ich mich am Ende fragte: »Wo bleibt denn da der Spaß?« Mir wurde oft eher bange bei dem Gedanken, was da noch auf uns zukommen würde. Oder war ich vielleicht einfach zu doof, um es zu verstehen? Sah so das Leben von Eltern aus?

Wir ließen uns nicht entmutigen und versuchten, uns zu bilden, zu lernen, uns vorzubereiten. Wie unterscheidet sich da also unsere Vorbereitung von anderen? Wenn eine Frau sich zur Geburt ihres Kindes niederlegt, wissen beide Eltern auch nicht wirklich, was herauskommt. Man kann sich vorher zwar das Geschlecht nennen oder auch verschiedene Untersuchungen vornehmen lassen. Dennoch behält sich die Natur ihre Geheimnisse und macht es gerne spannend – und am Ende ist jede Mutter und jeder Vater glücklich und dankbar, wenn ein gesundes Kind zur Welt gekommen ist. Wenn das Kind nicht gesund ist, so stehen uns heutzutage Gott sei Dank viele Möglichkeiten zur Verfügung, um zu helfen und Heilung zu schaffen. Es gibt auch die Fälle, in denen eine Heilung nicht herbeigeführt werden kann und die Eltern sich verabschieden müssen von aller Vorbereitung und allen zurechtgelegten Plänen und Träumen. Sie sind gezwungen, sich ganz neu einzustellen auf ein Leben, das vor allem von Sorge und andauernder Versorgung des Kindes geprägt sein wird.

Ich verbeuge mich vor all jenen, die die persönliche Enttäuschung und Verletzung beiseiteschieben, wenn sie ein Kind mit Beeinträchtigungen bekommen und mit aller Hingabe Eltern sind und mit vollstem Herzen lieben, was am Ende aller medizinischen Berichte und wissenschaftlichen Erfassungen doch einfach nur ein Kind ist, das angenommen und geliebt werden möchte. Ich erlebe in meinem Beruf als Flugbegleiter immer wieder Familien mit beeinträchtigten Kindern, und es rührt mich stets, mit welcher Tapferkeit und Zuwendung diese Familien zusammenhalten und wie mutig sich die betroffenen Kinder selbst den Herausforderungen dieses Lebens stellen, das selbst in unserer modernen Gesellschaft oft genug noch voller Hürden ist.

Wenn eine Frau vor der Entbindung steht, muss also auch sie viel Ungewissheit ertragen. Eine Gewissheit aber hat sie. Sie wird einen Säugling entbinden. Einen kleinen, ganz neuen Menschen. Das erste Bild, das sie von ihrem Kind sieht, ist ein Ultraschallfoto. Weißes Kind auf schwarzem Grund. Als wir uns entschlossen, Pflegeeltern zu werden, hat uns unsere zuständige Sachbearbeiterin, Frau Müller, in einem der unzähligen Gespräche zwar gefragt: »Was stellen Sie sich denn für Ihre Familie vor? Ein Mädchen oder einen Jungen? Und welches Alter kommt denn für Sie infrage? Gibt es eine Höchstgrenze? Was ist mit Behinderungen oder bestimmen Vorgeschichten, wie sexuellem Missbrauch oder körperlicher Gewalt?«

Das klang für mich erst einmal nach der Wursttheke, an der man sich die rosigste und frischeste Wurst aussuchen darf. Sie erklärte darauf aber: »Schauen Sie, Sie nehmen ein fremdes Kind auf und werden in jedem Fall große Mühe haben, sich aneinander zu gewöhnen. Dazu kommen dann vielleicht noch regelmäßige Kontakte mit der Herkunftsfamilie, die auch nicht immer leicht sind. Bei alledem geht es uns einfach darum, sicherzustellen, dass die Konstellation und Kombination von Eltern und Kind bestmögliche Bedingungen hat, wenn alles drum herum ohnehin schon schwierig ist. Und die Beziehung zu Ihrem Pflegekind soll ja nach Möglichkeit ein Leben lang halten.«

Dazu fiel mir dann die Geschichte eines uns bekannten Männerpaares ein, das auf dem Jugendamt einer modernen Stadt tatsächlich den Rat erhalten hat, doch lieber Abstand von der Idee zu nehmen, einen Jungen als Kind anzunehmen. »Ich meine, zwei Männer und ein Junge. Das könnte für andere seltsam aussehen.« Da zeigt sich, dass es noch immer eine große Diskrepanz gibt zwischen dem, was man als unsere fortschrittliche Gesellschaft betrachtet, und dem, was in einzelnen Köpfen doch noch an Spinnweben herumhängt. Es ist ein ehrbarer Gedanke, Kinder schützen zu wollen. Es ist aber äußerst unschön, schwul mit pädophil gleichzusetzen.

Was am Ende bei unserer »Schwangerschaft« herauskommen würde, blieb bis zur Kindermeldung offen. Ob Mädchen oder Junge, war uns gleich. Die ersten Fotos, die wir von
unserem Kind sahen, zeigten es dann auch nicht mit Nabel-
schnur und Kaulquappenschwanz, sondern sie zeigten einen
ernsten Jungen in blauer Jacke und blauer Mütze mit ebenso
strahlend blauen Augen. Wir hatten anfangs, wie die meisten Pflegeeltern, darauf gehofft, ein möglichst junges Kind
zu bekommen. Man erachtet es als schlüssig, dass ein Kind
tendenziell weniger Traumatisches erlebt haben mag, je früher
es aus einer ungünstigen Lebenssituation entnommen wird.
Bevor wir Tommy kennenlernten, waren wir noch darüber
verunsichert, ob das Kind, das zu uns kommen könnte, nicht
eine Erziehung benötigt, die eine therapeutische Ausbildung
erfordern könnte und die wir nicht leisten könnten. Diese
Angst konnte uns niemand nehmen, denn wir hörten auch im
Jugendamt immer nur: »Man kann nie mit Sicherheit sagen,
was diese Kinder erlebt haben und welche Traumata sie in sich
tragen.«

Trotz dieser Angst hatten wir uns für Tommy entschieden, und
am Ende des Kennenlernprozesses war es nun ein dreieinhalb-
jähriges Kind, mit dem Entwicklungsstand eines Anderthalb-
jährigen, das bei uns einzog. Im Nachhinein betrachtet denke
ich manchmal, es war nicht richtig, uns mit diesem besonderen
Kind einfach allein zu lassen. Ich muss dann aber genauso ehrlich zugeben, dass ich selbst heute noch nicht sagen könnte,
welche Begleitung für den Anfang hilfreich gewesen wäre. Wir
mussten einfach beginnen zu lernen, wie alle anderen Eltern
auch.

Die ersten Wochen, die Tommy bei uns zu Hause war, fühlten sich unwirklich an. Wir hatten so lange kämpfen und bangen müssen, und auf einmal waren wir allein mit Tommy, ohne dass ständig irgendwelche fremden Menschen um uns herum waren und uns beobachteten und bewerteten. Ich wachte morgens auf und lief aufgeregt in sein Kinderzimmer – und da war er. Er lag in seinem Bett und war wach und schaute mich mit großen Augen an, als könne er es auch nicht glauben, wieder hier bei uns aufgewacht zu sein. Ich setzte mich zu ihm und streichelte ihm über den Kopf und fragte ihn, ob er gut geschlafen habe. Er nickte nur und versuchte ein zaghaftes Lächeln.

In den ersten Tagen konnte ich mich noch zu ihm aufs Bett setzen. Eines Abends, als ich mit Kevin im Wohnzimmer auf dem Sofa saß, hörten wir über uns einen dumpfen Schlag. Wir schauten uns an und sprangen gleichzeitig auf. Als wir in Tommys Zimmer kamen, sahen wir, dass er aus dem Bett gefallen war. Er lag auf dem Boden und schlief. Wir versuchten das noch zwei Nächte und legten dicke Kissen vor sein Bett. Nachdem er die dritte Nacht in Folge aus dem Bett gepurzelt war, hängten wir an der Frontseite ein Brett ein und fortan saßen wir dann abends nicht mehr auf, sondern vor seinem Bett, um ihm vorzulesen und ein Einschlaflied zu singen. Er liebt das übrigens heute noch, und ich kann nur alle Eltern da draußen bestärken: Singt für eure Kinder! Auch wenn ihr meint, ihr habt keine gute Stimme, eure Kinder werden es lieben.

Tommy war ein aufgewecktes und ernstes Kind. Es war anfangs gar nicht so leicht, ihm ein Lachen zu entlocken. Er beobachtete aufmerksam und oftmals fast schon misstrauisch seine Umgebung – wer konnte es ihm verdenken? Das Trauma, so jung aus seiner gewohnten Umgebung genommen zu werden, wog schwer. Für ihn war diese ja gefühlt kein schlechtes Zuhause, sondern einfach *sein* Zuhause, das einzige, dass er gekannt und geliebt hatte. Und auch wir können nur sehr schwer einschätzen, wie zu- oder abträglich die vorherigen Lebensumstände für seine Entwicklung waren. Das Jugendamt hat seine Maßstäbe, und es lagen sicherlich mehr oder minder messbare Kriterien zugrunde, die zu Tommys Entnahme aus der Familie führten. Und natürlich war die Tatsache, dass er in seinem Alter kaum sprechen konnte, ein deutlicher Hinweis für einen Mangel in seiner Förderung. Aber wir wissen bis heute kaum wirklich etwas über die ersten drei Jahre seines Lebens und merkten viel später erst, dass sie für sein Fortkommen und unser Zusammenwachsen als Familie nur von nachrangiger Relevanz sein würden.

Zu Beginn spekulierten wir noch häufig, welches Verhalten Zusammenhänge mit seiner Vergangenheit haben könnte. Warum zum Beispiel hatte er solch eine panische Angst vor jedem noch so kleinen Tier? Hatte er schlechte Erfahrungen gemacht? Letzten Endes macht es aber keinen Unterschied, weshalb mein Kind auf dem einen oder anderen Gebiet Entwicklungsbedarf hat. Das haben wir mittlerweile verstanden. Wir wollen und müssen damit umgehen und ihn unterstützen. Und im Umkehrschluss bestätigt es auch unsere Grundhaltung, dass wir die Bemühungen seiner Herkunftsfamilie nicht bewerten mögen. Es steht uns schlichtweg nicht zu.

Für uns galt es also, nach vorne zu schauen und einen Alltag als Familie aufzubauen. Ein Erleben und Erforschen seiner Persönlichkeit wurde deutlich durch die Tatsache erschwert, dass er nicht sprach. Er hatte einen Wortschatz von vielleicht zehn Wörtern. Wenn ich ihn morgens anzog, sprach ich mit ihm und erklärte, was ich tue. Sprache mit Handlung verbinden würde ihn fördern, hatte mir unsere Kinderärztin mit auf den Weg gegeben. Schnell wurden aber schon einfachste Situationen zur Herausforderung. Eine Frage wie »Magst du einen Pullover anziehen oder ist dir in dem T-Shirt warm genug?« wurde mit einem unsicheren Blick quittiert. Er verstand die Frage nicht oder wusste nicht, wie er darauf reagieren sollte. Dies wiederum löste bei mir erst Schuldgefühle aus, weil ich ihn unachtsam mit meiner Frage überfordert hatte, und dann Verlegenheit, weil die darauffolgende Stille zwischen uns im Raum stand. »Na, ich denke, wir ziehen den Pullover an, damit dir schön warm ist. Wenn es dir zu warm wird, kannst du es mir ja sagen.« »Ob er das tun wird?«, fragte ich mich verunsichert.

Später in der Küche fragte ich ihn, was er denn frühstücken wolle. Ich zählte auf, dass wir Brot mit Honig oder Marmelade haben oder Müsli. Wieder schaute er mich mit großen Augen an. »Ich glaube, du wirst unsere selbstgemachte Marmelade mögen«, sagte ich und entschied, das Brot aufzuschneiden und Honig und Marmelade auf den Tisch zu stellen. Daraus konnte er nun wenigstens auswählen, indem er darauf zeigte. Nach dem Frühstück marschierte er ins Wohnzimmer und kam mit einem Buch in der Hand zu mir gelaufen. »Du Bu?«, sagte er.

»Natürlich lese ich mit dir ein Buch. Lass uns aufs Sofa setzen«, antwortete ich ihm.

Freudig lief er voraus, kletterte aufs Sofa, legte das Buch auf seinen Schoß und schaute mich erwartungsvoll an.

Es fällt mir so schwer zu beschreiben, wie ich mich fühlte, ohne dass es kitschig klingt. Aber er saß da, so klein und unschuldig und so rein in seiner einfachen Freude darüber, mit mir ein Buch lesen zu dürfen, dass ich hätte heulen können. Ich wollte ihn nur drücken und halten und für immer beschützen. Ich konnte gar nicht anders, als diesen wundervollen kleinen Menschen von ganzem Herzen zu lieben.

Nachdem wir das Buch gelesen hatten, rief er freudig: »Noeima«, und wir fingen noch einmal von vorne an. Wir lasen es dann fünfmal. Es war und ist, als wären Geschichten ein Raum, in den er entfliehen kann und wo er Geborgenheit genießt. Heute ist Tommy acht Jahre alt und noch immer lesen wir gemeinsam Bücher, und er sagt am Ende oft: »Können wir es noch einmal lesen, bitte?«

Nachdem wir also das Buch fünfmal gelesen hatten, spielten wir noch eine Weile, ehe er aufstand und in die Küche lief. Ich ging ihm hinterher und er sagte »Ba« und zeigte auf den Obstkorb. »Möchtest du eine Banane essen?« Ein Nicken war die Antwort.

Auf diese Weise hangelten wir uns anfangs mühevoll durch den Alltag, Schritt für Schritt und Tag für Tag. Er ist ein schlaues Kind, und er merkte schnell, dass andere Kinder ihm in der Sprache und anderen Dingen voraus waren. Es erhöhte seine Frustration noch zusätzlich, wenn wir nicht verstanden, was er uns mitteilen wollte. Wir versuchten, ihn zu bestärken und ihn nicht ständig fühlen zu lassen, dass wir ihn schlecht verstehen, und sagten Sätze wie: »Papas Ohren sind so müde heute, deshalb versteht er dich nicht. Sag es mir doch noch einmal.«

Er hielt sich mit dem Sprechen oft sehr zurück, weil es ihm unangenehm war, und ich kann mich daran erinnern, dass er irgendwann begann, morgens nach dem Aufstehen in seinem

Zimmer zu spielen und dabei unentwegt vor sich hin zu plappern. Dabei war zwar kaum etwas zu verstehen, aber ich freute mich, dass er sich überhaupt dazu hinreißen ließ zu sprechen.

Als er im Januar des folgenden Jahres einen Therapieplatz in einer logopädischen Praxis bekam, waren wir sehr hoffnungsvoll. Die Logopädin war stadtbekannt und genoss einen erstklassigen Ruf. Als wir in die Praxis von Frau Sonnenthal kamen, erhielten wir erst einmal eine Menge Anweisungen. »Wenn Sie kommen und unten klingeln, löse ich den Öffner für die Haustür aus. Wenn Sie dann in die Wohnung kommen, verhalten Sie sich bitte leise, weil ich noch in Behandlung bin, und ziehen die Schuhe aus. Das Wartezimmer ist hinten links und ich hole das Kind dort ab, wenn ich so weit bin.«

Ich fand es vollkommen in Ordnung, dass sie die Regeln klar benannte. Es war ja schließlich ihre Praxis. Zwei Wochen später kam es dazu, dass sie die Tür des Praxiszimmers öffnete und das Kind verabschiedete, das vor Tommy dran war. Er hörte das und lief freudig aus dem Wartezimmer. Einen Moment später kam Frau Sonnenthal um die Ecke, schob ihn vor sich her und sagte: »Ich sagte bereits, dass Sie warten müssen, bis ich das Kind hole. Ich muss nach jeder Stunde noch kurz meine Unterlagen ordnen. Bitte beachten Sie dies künftig.«

Ich kam gar nicht dazu, ihr zu sagen, dass sich Tommy einfach nur auf die Stunde freute und deshalb losgelaufen war. Eine sehr weise Familientherapeutin sagte einmal: »Es ist schließlich ein Kind, kein Soldat.«

Wenn Tommys Lerneinheit vorbei war, wurde ich in das Zimmer gerufen. Dort wurde dann – in Tommys Beisein – erklärt, was er alles nicht könne und woran dringend gearbeitet werden müsse. Ich empfand das als unangenehm. Oder ich begriff es gar als Vorwurf. Als hätten wir Eltern uns noch nicht genug angestrengt. Ich lernte später, dass man das »verlängerten Narzissmus« nennt, wenn man Kritik an den eigenen Kindern auf sich selbst projiziert bzw. im Umkehrschluss versucht, sein Kind so zu erziehen, dass es überall glänzt und die Eltern damit den Ruhm einheimsen und sich in ihrer Erziehung und ihrer Person bestätigt und geschätzt fühlen. Eine sehr spannende These. Ich fühlte mich auf jeden Fall zu Unrecht so behandelt. Und ich fand es von Anbeginn unschön, wenn im Beisein meines Kindes über es gesprochen wurde. Das ist eine Unart, die leider sehr verbreitet ist, wie ich finde. Ob es die Elternteile im Umkleideraum beim Kindersport sind oder im Wartezimmer beim Arzt, Erzieher im Kindergarten oder Lehrer in der Schule oder auch Ärzte und Therapeuten selbst. Alle sprechen wir über unsere Kinder in ihrem Beisein. Ich sage bewusst wir, denn auch bei uns schlich sich diese Vorgehensweise langsam ein. Ich verstehe, dass man manchmal scheinbar keine andere Wahl hat, weil die Kleinen eben dabei sind und man sie nicht irgendwo hinschicken kann. Aber es werden zum Teil intime Details besprochen, wie zum Beispiel das erneute Einnässen, das man schon abgewöhnt glaubte. Oder es werden Taktiken preisgegeben, obwohl der »Feind« mithört: »Sie kann die Uhr noch nicht lesen. Da sage ich ihr immer, dass es schon ganz spät ist und wir uns beeilen müssen, ins Bett zu kommen.«

Kevin und ich waren uns schnell einig, dass dies nicht die beste Lösung sein kann, und wir darauf achten wollen. Schließlich sind es kleine Personen, über die wir da in ihrem Beisein sprechen. Bei Frau Sonnenthal schickten wir Tommy dann nach der Stunde aus dem Zimmer und sagten: »Zieh doch schon mal deine Schuhe an«, um uns dann mit der Logopädin zu besprechen.

Was die Rückmeldung von Frau Sonnenthal anging, so waren wir sicherlich dankbar für jede Anregung, auch wenn der Befehlston, in dem wir unsere Anweisungen erhielten, anfangs sehr gewöhnungsbedürftig war. »Sprechen Sie mit Ihrem Kind mit variierendem Satzbau«, war eine der Empfehlungen.

Ich fand mich am selben Nachmittag mit Tommy in unserer Waschküche wieder. Er fand die Waschmaschine faszinierend und ich hatte ihn gefragt, ob er mir denn helfen wolle, die Wäsche in die Trommel zu packen. Da stand ich dann also und besprach mein Kind. »Wir stecken jetzt *den Pullover* in die Maschine. Die Hose legen *wir* nun hinein. *In die Maschine* packen wir nun eine Jacke.« Tommy schaute mich nach einer Weile an, als hätte ich nicht alle Hühner auf dem Balkon, und ich fühlte mich auch reichlich bescheuert. Aber wenn es Tommy helfen würde, war ich zu allem bereit. Und es half. Frau Sonnenthal wurde ihrem Ruf mehr als gerecht und sie gehört definitiv zu den Menschen, die Tommy und uns sehr geholfen haben. Leider erkrankte sie drei Jahre später schwer, sodass sie nicht mehr weiter praktizieren konnte. Das tat uns unendlich leid und auch Tommy vermisste die Stunden bei ihr.

Von der Sprache abgesehen, machte Tommy es uns sehr leicht, weil er in vielen Bereichen sehr genügsam und zurückhaltend war. Er aß immer alles brav auf, was ihm vorgesetzt wurde, und wenn wir mal wieder lange damit beschäftigt waren, Bücher zu lesen, wussten wir ihn zufrieden und waren ausnahmsweise mal ganz sicher, dass dies förderlich war.

Die Genügsamkeit und Gefälligkeit, die Tommy im All-gemeinen an den Tag legte, hatte auch ihre Kehrseiten. Ich erinnere mich noch gut an einen Tag, an dem er im Garten herumwuselte. Es war ein herrlicher Spätsommertag. Die Sonne schien und ergoss schon ein leicht gelbgoldenes Licht, welches ankündigte, dass die Tage des Sommers zur Neige gingen. Tommy stand im Gemüsegarten in seiner hellblauen Latzhose, seinem bunt gestreiften Pullover und seiner himmel-blauen Schirmmütze, deren zusätzlicher Nackenschutz, wenn er im Wind flatterte, mich immer an Lawrence von Arabien erinnerte. Sein Markenzeichen war und ist bis heute, dass er die Mütze stets bis weit über die Augen herunterzog, nur um dann ständig mit leicht in den Nacken gelegten Kopf herumzu-laufen, weil er sonst nichts gesehen hätte. Ich ließ ihn für einen Moment aus den Augen, und als ich wieder hinsah, hatte er sich eine Tomate vom Strauch gepflückt und biss so herzhaft hinein, dass der Saft und die Kerne nur so spritzten.

Eine gute Viertelstunde später sagte ich zu ihm: »Schlumbi, hör jetzt bitte mal auf, Tomaten zu essen. Wir wollen bald zu Abend essen, und so, wie du aussiehst, muss ich dich vorher einmal generalreinigen. Wie hast du es denn geschafft, dass dein Gesicht, deine Hose und deine Schuhe voller Tomate sind?« Als Antwort grinste er mich nur an und rieb den stolz heraus-gestreckten Bauch.

Ich wusste damals nichts über die Wirkung des Genusses von Nachtschattengewächsen auf den empfindlichen Organis-mus von Kleinkindern. Diese wurde mir offenbar, als ich einen Tag später seine Windel wechselte. Das klingt jetzt hoffentlich nicht so, als wechselten wir nur einmal täglich seine Windeln.

Es war aber einen Tag später, als ich wieder mal eine seiner Windeln öffnete und er offensichtlich durch die vielen verzehrten Tomaten einen ordentlichen Durchfall hatte. Damit aber nicht genug. Die Mischung war scheinbar so aggressiv, dass sein ganzer Po feuerrot war und in Teilen kleine Blasen zeigte, wie bei einer Verbrennung. Er hatte zuvor keinen Pieps gesagt und verzog auch keine Miene, während ich mit größter Vorsicht seinen wunden Po reinigte. Dabei musste das bestimmt fürchterlich schmerzen und jedes andere Kind hätte sicher Zeter und Mordio geschrien. Ich war fassungslos und bestürzt und ruderte hilflos in dem Versuch, die Situation zu erfassen. War er einfach nur weniger schmerzempfindlich als andere? Oder litt er Höllenqualen und wollte sich uns nicht anvertrauen, weil er Angst hatte? Es war für mich schwer zu ertragen, ihn verletzt zu sehen, ohne den dazugehörigen Aufschrei, um einem natürlichen Bedürfnis nach Unversehrtheit Ausdruck zu verleihen.

Ich fragte ihn, ob das denn nicht wehtue, aber er entgegnete nur mit einem kleinlauten »Eh-eh«. Darauf sagte ich ihm, dass er doch bitte immer sagen solle, wenn ihn etwas schmerzt, aber er schaute mich nur mit großen Augen an und ich blieb unsicher zurück, ob er denn verstanden hatte, um was es ging.

Aber bei aller Sorge und Unsicherheit kamen natürlich auch die schönen Momente, von denen wir so lange geträumt hatten. Tommy liebte es, mit uns zu kuscheln. Wenn er bei uns im Bett war, krabbelte er unter die Decke und wollte, dass wir ihn suchen. Wenn ich ihn dann in die Seite packte, gackerte er und wand sich wie ein Regenwurm. Genauso gerne tobten wir mit ihm und verbrachten viel Zeit im Freien, dabei oft und lange auf dem Trampolin, das wir von Freunden geschenkt bekommen hatten. Und so nach und nach wurde er auch ein wenig sicherer.

Wir lagen eines Nachmittags auf seinem Bett und lasen ein Buch. »Herr Eichhorn und der erste Schnee«. Er liebte das Buch und ich auch, denn es ist liebevoll geschrieben und entzückend gezeichnet. Daraufhin kamen wir ins Gespräch, wie es selten vorkam, denn er sprach kaum über sich und seine Gefühle. Ich fragte ihn, ob es ihm gut gehe. Er sagte ja und ich hörte das »aber« in seiner Stimme. Ich fragte, ob ihn denn etwas störe.

Darauf antwortete er: »Papa ni so oft schümpfe.«

Ich blickte ihn erschrocken an und fragte: »Ich? Ich schimpfe zu oft?«

Darauf fing er an zu grinsen und sagte: »Jaaaa, du zu viel oft schüüüümpfe.«

Es fühlte sich einfach gut an, dass er so ehrlich war. Und auch wenn es mir zunächst schwerfiel, es anzunehmen. Ich war in meinem Bemühen, ihn zu korrigieren und ihn beim Aufholen zu unterstützen, eindeutig übers Ziel hinausgeschossen. Und ich gebe auch unumwunden zu, dass ich Momente der Frustration hatte ob der quälend langsamen Fortschritte, die ich immer wieder auf meine mangelnden Fähigkeiten zurückführte. Verlängerter Narzissmus? Wer, ich?

Eine Dame vom Kinderschutzbund sagte mir, als ich ihr diese Geschichte erzählte, es sei ein großer Vertrauensbeweis meines Kindes, mir eine solche Rückmeldung zu geben, ohne Sanktionen zu befürchten. Das beruhigte mich ein wenig und legte mir den Gedanken nahe, nicht alles falsch gemacht zu haben. Gleichzeitig war es mir ein Ansporn, mein Verhalten zu ändern.

Eine ähnlich schöne Situation erlebten wir ein halbes Jahr später. Wir saßen beim Abendessen und Tommy und Kevin zackerten wegen irgendeiner Kleinigkeit. Ich war irgendwann genervt, erhob meine Stimme und sagte: »Es reicht jetzt. Könnt ihr endlich still sein, damit wir in Ruhe essen können?!«

Darauf schaute mich mein Sohn mit konsterniertem Gesicht an und sagte wörtlich: »Papa, nicht in diesem Ton.«

Ich freute mich so sehr darüber, dass mein Sohn seine Gefühle so klar benannte, dass ich mir ein Grinsen verkneifen musste. Ich wollte nicht, dass er denkt, ich nähme ihn nicht ernst. Stattdessen entschuldigte ich mich bei ihm und meinte es sehr ernst und war stolz, einen so mutigen Sohn zu haben.

Das Schwierigste waren für mich aber die Momente, in denen ich erkennen musste, dass ich seine Mutter nicht ersetzen konnte. Es war im Frühjahr und Tommy hatte einen sehr schlechten Tag. Seine Laune wechselte zwischen Stille und Insichgekehrtsein und Wutausbrüchen, wenn ein Spielzeug nicht so funktionierte, wie er es wollte. Ich kann mich gar nicht mehr erinnern, was am Ende der Auslöser war, ich weiß nur noch, dass mein Sohn in meinem Schoß lag und bitterlich weinte und immer wieder »Mamaaaaa, i mei Maaaamaaaaaaa« heulte. Ich dachte, es würde mir das Herz brechen. Es war so schwer zu ertragen, dass es für einen kleinen Moment rein gar nichts gab, was ich für ihn tun konnte. Ich konnte seine Mutter nicht herbeizaubern. Und ich selbst war es nicht. Nicht das, was er gerade brauchte. Und gerade das machte es noch schwerer, denn natürlich spielte da ganz am Anfang auch noch ein wenig Eifersucht mit. Ich wollte doch, dass er sich bei *mir* geborgen fühlte.

Es war wirklich hart. Aber bevor ich mich in Selbstmitleid ergehen konnte, dachte ich bei mir: »Wenn er dieses Leid ertragen kann, dann du doch erst recht.« Und so atmete ich einmal tief durch, hielt ihn, rieb seinen Rücken, küsste sein Haar und sagte ihm immer wieder: »Shhhhh, mein Baby, es wird alles gut. Es wird alles gut werden. Papa ist da.« Und während er sich ganz langsam beruhigte und seine Schluchzer immer leiser wurden, wusste ich, dass ich sehr wohl etwas für ihn tun konnte. Ich konnte da sein. Einfach für ihn da sein und sein beschissenes Schicksal mit ihm teilen.

Als Tommy bereits seit einem guten Jahr bei uns war, reisten wir gemeinsam nach Koh Samui. Es war Ende Oktober und Tommy würde in weniger als drei Monaten seinen fünften Geburtstag feiern. Er sprach mittlerweile deutlich besser und konnte sich und seinen Bedürfnissen schon viel deutlicher Gehör verschaffen. Es war der erste große Urlaub und die erste Langstrecke, die wir mit ihm flogen.

Als wir die Boeing 747 nach Bangkok bestiegen, war er sehr aufgeregt und hüpfte wie ein Floh durch die Gänge. Wir fanden schließlich unsere Sitze und er jauchzte vor Freude, angesichts seines ganz persönlichen Fernsehers. Zu Hause gab es nur »Unser Sandmännchen« und am Sonntag »Die Sendung mit der Maus«. Damit waren wir anfangs sehr konservativ, und selbst heute, da das Sandmännchen »uncool« geworden ist, können wir noch aufrichtig behaupten, dass unser Sohn bis auf einen gelegentlichen Film täglich höchstens dreißig Minuten fernsieht und wir ihn nie davor *parken*, um uns freie Zeit zu verschaffen.

Entgegen unserer persönlichen Überzeugung ließen wir ihn also nach dem Start eine gute Stunde auf dem Sitzbildschirm Comics schauen, bis er schließlich noch vor dem Servieren des Abendessens in einen tiefen Schlaf fiel. Bis auf einmal Windel wechseln schlief er die ganze Nacht durch. Er wachte dann passend zum Frühstück wieder auf und zwei Stunden später standen wir schon in der Schlange der thailändischen Einreisekontrolle. Überall auf dem Flughafen waren große Tafeln und Bilder zu sehen, auf denen das thailändische Volk seine Trauer um den jüngst verstorbenen König Bhumibol Adulyadej bekundete. Viele davon zeigten den König selbst in majestätischen Posen. Tommy fragte mich, wer das denn sei auf den vielen Bildern.

Ich sagte: »Das ist der thailändische König. Er ist gerade erst gestorben und ist jetzt im Himmel. Und die Menschen hier in Thailand haben ihn sehr verehrt. Das bedeutet, sie hatten ihn sehr lieb, weil er ein guter König war und sich gut um alle gekümmert hat. Deshalb haben sie seine Bilder überall aufgestellt, weil sie Danke sagen wollen und an ihn denken und gemeinsam traurig sein wollen.«

Tommy blickte nachdenklich auf eins der Bilder und kaute auf seinem Käsesandwich.

Weitere drei Stunden später saßen wir in einem kleinen Kurzstreckenjet, mein Sohn neben mir am Fenster. Er hatte von einer netten Flugbegleiterin Stifte und Papier bekommen und malte eifrig. Als er nach einer Weile fertig war, sah ich, dass er das Blatt Papier, auf dem er gemalt hatte, an die Scheibe des Flugzeugfensters drückte. Ich fragte: »Tommy, was machst du denn da mit deinem Bild?«

Er drehte sich zu mir und sagte mit einem stolzen Lächeln, dass er ein Bild für den König gemalt habe, der gerade gestorben sei, und dass dieser es da draußen im Himmel nun sehen könne.

Ich wusste nicht, was mich in diesem Moment mehr rührte. Seine naive Annahme, dass der König im Himmel nun in das Fenster unserer Airbus A320 schauen könne, oder die Tatsache, dass er die Empathie besaß, für einen Menschen, um den getrauert wurde, ein Bild zu malen. Es war einer jener unvergesslichen Momente, die man mit Kindern erlebt.

Im Verlauf dieses Urlaubs besuchten wir eine hübsche kleine Stadt namens Nathon. Wir waren viel gelaufen und hatten nur kurz in einem kleinen Café Rast gemacht, um uns zu erholen. Im Anschluss marschierten wir zu einem malerischen kleinen Tempel, der nach thailändischer Art über und über verziert war mit kunstvollen Schnitzereien in kräftigen Farben an Säulen und Bögen und Türen. Tommy betrachtete alles mit großen neugierigen Augen und plauderte angeregt mit einem Papagei, der in einem großen hölzernen Käfig saß und zum festen Inventar des Tempels gehörte, wie mir einer der Hüter erklärte.

Es war ein wundervoller Tag und irgendwann, bevor wir einen Nachtmarkt aufsuchten, um dort an heimischen kleinen Ständen sehr urtypisches, einfaches und unglaublich köstliches Essen zu uns zu nehmen, fiel mein Blick auf seine Sandalen. Er hatte irgendwann während des Tages seine Socken ausgezogen, weil sie ihn gestört hatten. Mir fiel auf, dass die Haut unter den Riemen gerötet war. Ich bat Tommy, sich hinzusetzen, damit ich einmal nachschauen könne. Mir fiel die Kinnlade herunter, als ich ihm die Sandalen auszog und gut und gerne fünf oder sechs Blasen zum Vorschein kamen, einige davon bereits aufgelaufen und von Wundflüssigkeit verschmiert. Ich hatte ein ganz schlechtes Gewissen, dass es mir nicht vorher aufgefallen war. Er hatte auch einfach keinen Mucks von sich gegeben, obwohl er nun schon älter war. Stattdessen hatte er die ganze Zeit aufgeweckt und freudig seine Umgebung erkundet. Und auch auf meine Frage, ob das denn nicht höllisch schmerze, sagte er nur: »Nein, Papa.« Ich musste spontan an die Begebenheit mit den Tomaten und seinen wunden Po denken. Eine Ergotherapeutin sagte uns einmal, dass auch die Haut ein Organ sei, das lernen müsse und Erlebtes speichere. Tommys Haut hatte augenscheinlich noch reichlich Lernbedarf.

Um den Umgang mit anderen Kindern zu üben, sollte Tommy nach einer ersten Phase der Eingewöhnung bei uns in den Kindergarten gehen. So sah es das Jugendamt vor, und so ist es ja nun mal bei allen Kindern. Wir gingen also schon ein paar Wochen nach seinem Einzug los und versuchten ihn anzumelden. In einem kleinen, fensterlosen Zimmer saß eine Dame mittleren Alters, die ein wenig gelangweilt wirkte und nach unserem Eintreten zunächst auch nicht aufsah. Als sie uns nach einem Moment dann doch begrüßte, schilderte ich ihr unser Anliegen.

Die Dame schaute uns mit großen Augen an und fragte: »Ei, warum hawwe Se den denn net glei bei de Geburd ohgemeldt? Des kann jeds awwer dauern, bisse do en Platz grieje. Do isses aa Worscht, dosser schunn vier Joah olt is.«

Ich erwiderte, dass wir das nur zu gerne getan hätten, hätten wir zu der Zeit schon gewusst, dass Tommy vier Jahr später bei uns leben würde.

»Ich setz en donn e mol uff die Waddelisd, aber ich konn Ihne nix verschpresche«, war ihre Antwort und so zogen wir unverrichteter Dinge wieder ab und waren insgeheim froh, ihn noch ein wenig für uns zu haben.

Wir waren zu jener Zeit noch immer der festen Überzeugung, dass mit Liebe und Geduld alle Wunden verheilen würden, die ihm das Leben zugefügt hatte. Ich sagte zu meinem Mann: »Er soll alle Zeit dieser Welt haben, um sich zu entwickeln.« Wir mussten aber schnell begreifen, dass das Leben in dieser Gesellschaft ihm diese Zeit nicht lässt. Und dass die Erfahrung, nicht der Norm zu entsprechen, Frust und Unsicherheit erzeugt und in der Folge die weitere Entwicklung oder das Aufholen des Versäumten noch mehr behindert.

Im Februar 2016, knapp sechs Monate nach seiner Ankunft bei uns, erhielten wir dann unerwartet doch einen Platz im Kindergarten, weil ein Kind weggezogen war. Tommy sollte nun also die Chance bekommen, sich auch außerhalb unseres Zuhauses mit anderen Menschen auseinanderzusetzen. Vor allem mit der Sorte, die ihm aufrecht stehend ins Auge schauen konnte. Er war aufgeschlossen und freute sich sehr. Ich sehe ihn noch vor mir, mit seiner kleinen blauen Mütze und seinem rotblau karierten Rucksäcklein, wie er zwischen uns an der Hand über den Kiesweg hüpft und juchzt vor Freude. Seine Bezugserzieherin war auch sehr motiviert und kümmerte sich rührend. Aber da waren dann eben auch die anderen Kinder, die alle schon sprachen und die ihn eben nicht mit den Samthandschuhen anfassten, die wir virtuell stets trugen.

Er hatte schon im Kinderheim die Angewohnheit entwickelt, sich zurückzuziehen, wenn ihn zu viele andere Menschen und vor allem andere Kinder umgaben. Schon dort hatte er den Garderobenhaken am Ende der Reihe, weil er inmitten aller Kinder durch deren schiere Präsenz und die Geräuschkulisse überfordert war. Wenn die ganze Meute die Treppe hinunterstürmte, blieb er an der Seite stehen, bis alle an ihm vorbeigetobt waren, um dann vorsichtig zu folgen. Er hatte gelernt, für sich zu sorgen, denn es war ja niemand anderes da. Im Kindergarten waren die Voraussetzungen aber andere. Man war bemüht, ihn zu integrieren, und erwartete von ihm, dass er sich *normal* verhielt. Zumindest war dies das erklärte Ziel, auch wenn man ihm mit mehr Geduld und Verständnis begegnete. Wenn er aber infolge der Überforderung mit körperlicher Gewalt reagierte und ein anderes Kind biss, schlug oder schubste, so wollte man das natürlich nicht ignorieren. Das konnten wir auch verstehen. Aber wir sahen durch unsere liebenden Elternaugen unser benachteiligtes Kind, das unter seinen Defiziten litt und das sich so bemühte, hineinzupassen in diese Gesellschaft der anderen kleinen Menschen.

Mehr als einmal kam ein anderes Kind zu uns, wenn wir ihn abholten und alle Kinder und Eltern herumwuselten, um alle Habseligkeiten zusammenzusuchen und die Kinder anzuziehen. Die Kinder sagten dann: »Der Tommy hat mich heute ganz arg geschubst.« Oder: »Heute hat mir der Tommy das Auto weggenommen.« Oder: »Ich habe heute ganz doll geweint, weil der Tommy mir wehgetan hat.« Ich erinnere mich an einen Tag, an dem mein Mann nur noch müde antwortete: »Und Petzen ist übrigens auch ganz unschön!«

Im Lauf der Zeit lernten wir viele liebe Eltern kennen, die uns rückmeldeten: »Das kenne ich auch, das macht unserer ständig.« Das tat uns natürlich gut und auch wir versuchten, uns in Gelassenheit zu üben und uns damit anzufreunden, dass unser Sohn in bestimmten Situationen eben anders reagierte, weil er eben eine andere Geschichte hatte.

Natürlich wollten wir die wiederholten Konflikte nicht einfach geschehen lassen, sondern wünschten uns Besserung und Erleichterung für ihn. Dabei konnten wir zur Lösungshilfe leider nicht auf Erlebtes und Erfahrungen aus seiner frühkindlichen Zeit zurückgreifen, die Aufschluss gegeben hätten oder zumindest Hinweise. Wir waren nicht wie andere von Anbeginn seines Lebens als Familie zusammenwachsen, so ganz natürlich. Wir waren der Reset-Knopf in seinem Leben und er war nicht etwa das unbelichtete Fotopapier, auf dem wir seine Persönlichkeit belichten und sich entwickeln lassen konnten, sondern ein für uns unscharf entwickeltes Bild, auf dem wir versuchten zu erkennen, was es genau darstellen sollte.

Eine sehr traurige Erfahrung war, dass er zunächst auf keinen Kindergeburtstag eingeladen wurde. Schlimmer noch. Im Kindergarten wurden die Geburtstage der Kinder gefeiert. Da es aber über vierzig Kinder waren, durften sich die Gefeierten also eine kleine Zahl an »Mitinsassen« auswählen, die mit ihnen gemeinsam mitgebrachte Torten, Muffins und andere Süßigkeiten verspeisten. Tommy war lange Zeit nie mit dabei. Das mag von außen betrachtet unwichtig erscheinen und der eine Leser oder die andere Leserin wird denken, das ist bei uns auch so. Für uns war es ein Albtraum. Seinen traurigen Blick zu ertragen, wenn er erzählte, dass Lisa bunte Karten verteilt hatte oder dass Holgers Mama eine besonders lecker aussehende Torte gebacken hatte, die dann an ihm vorbei ins Feierzimmer getragen wurde, das war ernüchternd. Das hatten wir uns in der Traumwelt unseres ach so glücklichen Kindes anders vorgestellt. Einmal mehr erlebten wir, dass wir ihn trotz aller guten Vorsätze einfach nicht vor allem beschützen konnten. Aber es kam der Tag, an dem er eingeladen wurde. Und es kamen Anfragen, ob er zum Spielen kommen wollte. Er freute sich und genoss die Feiern und die Spielenachmittage, und ich dachte so bei mir, dass ich sie mir fast mehr gewünscht hatte als er.

In unserem steten Bemühen um Tommys Glück tauschten wir uns mit anderen Eltern und anderen Pflegeeltern aus, besuchten Seminare und Kurse wie »Starke Eltern, starke Kinder« des Kinderschutzbundes und stellten unseren eigenen Umgang mit ihm und den gelebten Alltag immer wieder infrage. Wir blieben dennoch ab und an verunsichert und fühlten uns mit unseren speziellen Fragen alleingelassen. Also entwickelten wir die Angewohnheit, uns täglich zu besprechen. Die Qualität des Tages, was gut und was schlecht war und was wir vielleicht noch besser machen könnten. Es wurde zum Ritual und schweißte Kevin und mich noch enger zusammen.

Eine weitere Quelle der Unterstützung sollten die Ämter sein. Dachten wir. Ich spreche aber sicher vielen Eltern aus der Seele, wenn ich sage, dass die rechtliche und administrative Beschaffenheit des Familiensystems in Deutschland mitnichten immer hilfreich und begleitend ist. Ich weiß nicht, wie viele unzählige Arztbesuche, Rezepte, Berichte, Atteste, Anträge, Empfehlungen wir getätigt, angefragt, erfragt, erbettelt, koordiniert, eingereicht und archiviert haben. Nach nur vier Jahren füllen sie sehr viele DIN-A4-Ordner. Ich weiß heute endlich, welche therapeutischen Maßnahmen meinem Sohn gutgetan haben und welche nicht. Wir mussten auch lernen und unsere Fehler machen. Und auch bei all den Experten, denen wir begegnet sind, sehe ich heute in der Retrospektive, dass nicht alle Tommy als Mensch und uns als Familie weitergeholfen haben. Auch Experten sind nur Menschen. Und obwohl wir uns immer wieder fremden Rat einholen, ist es mittlerweile klar, dass wir selbst die Experten für unser Kind sind, denn wir kennen es am besten. Und es hat sich bewahrheitet, was oft so lapidar dahingesagt wird. Geduld ist der Schlüssel.

Es hat sich vieles sehr viel langsamer entwickelt, als wir gedacht hatten. Wir hatten auf den Erdrutsch gewartet, mit dem eines Tages alles plötzlich ganz normal sein würde. Das wird es vielleicht nie. Und das ist auch nicht mehr unser Ziel, das haben wir begriffen. Nach viereinhalb Jahren, die Tommy nun bei uns ist, sind spannenderweise auch *wir* es, die langsam angekommen sind. Der Gedanken lässt mich schmunzeln, denn in ach so vielen Gesprächen mit Therapeutinnen und Sozialarbeitern, Ärztinnen und Erziehern ging es immer darum, ob *er* denn bei uns angekommen sei. Ob *er* sich einfinde und wie *seine* Fortschritte seien. Dabei mussten *wir* ebenso viel lernen, wenn nicht noch mehr, und uns von vielen Träumen und Vorstellungen verabschieden, wie unser Leben als Familie und sein Leben als unser Kind sein würde. Nun sind wir diejenigen, die angekommen sind und die beginnen, Frieden zu schließen mit der Erkenntnis, dass wir nicht alles steuern, retten und verbessern können. Und auch gar nicht müssen. Denn Tommy ist ein eigenständiger Mensch, jetzt, in seinen jungen Jahren schon. Er ist ein wundervoller Mensch mit so vielen feinen Nuancen in seinem Charakter, dass sie all die wissenschaftlichen Betrachtungen der Kindeserziehung wie lächerliche Erwachsenenspiele wirken lassen.

Eine begnadete und gnadenlos ehrliche Familientherapeutin sagte einmal zu uns: »Ihre Kinder sind keine normalen Kinder. Die Norm, das sind Kinder, die bei den eigenen Eltern aufwachsen. Und Pflegekind zu sein ist auch manchmal einfach beschissen. Benennen Sie die Wahrheit und beschönigen Sie nichts. Und erkennen Sie dabei, dass es nur ein Teil des Lebens Ihrer Kinder ist. Denn bei allem Unglück, das ihnen widerfahren ist, haben sie das große Glück, bei Ihnen aufwachsen zu dürfen und eine tolle Familie zu haben.«

Wir können unsere Kinder so gut es geht begleiten und unterstützen. Es gibt nie die eine richtige Frage, weshalb mein Kind dies oder jenes tut, und es gibt nicht die eine richtige Antwort, wie ich ihr oder ihm helfen kann. Und ja, vielleicht hat das eine oder andere Problem auch mit ihrer Lebensgeschichte zu tun. Ansonsten sind es aber eben einfach Kinder. Wir lernen, sie noch mehr sie selbst sein zu lassen, weniger zu korrigieren oder beschützen zu wollen. Auch wenn wir sehen, dass sie dadurch vielleicht unangenehme Erfahrungen machen oder es ein mühevoller Weg ist, den sie einschlagen. Denn es ist ihr Weg. Und auf wundersame Weise werden wir nach der schweren Anfangszeit und nachdem wir einige Träume und Ideen aufgegeben haben, nun das, was wir trotz aller Liebe und Gefühle oft viel zu angestrengt zu werden versucht hatten: Eltern.

10
Der Kontakt zur leiblichen Mutter

Freud und Leid

Kevin

Nachdem Tommy bereits ein halbes Jahr bei uns war, machten wir uns das erste Mal auf den Weg ins Jugendamt, um seine Mutter zu treffen. Als die Tür aufging, schaute Tommy erwartungsvoll in das helle, aber nüchtern möblierte Zimmer, sah die beiden Frauen, die am Tisch saßen, drehte sich wieder um und fragte mich, wo denn seine Mama sei. Seit über einem Jahr hatte er sie nicht mehr gesehen. Vielleicht wurden die Erinnerungen an seine Mutter durch Kinderbücher und Mütter im Kindergarten und auf Spielplätzen verfärbt. Jedenfalls erkannte er seine Mutter nicht. Dort saß nicht die strahlende Mutter, die mit leuchtenden Augen und herzlichem Lächeln ihren Sonnenschein mit offenen Armen begrüßte.

»Tommy, da vorne am Tisch, das ist deine Mama«, sagte ich ganz leise in sein Ohr, in der Hoffnung, Tommys Mutter würde uns nicht hören. Doch an ihrem Blick sah ich, dass sie schon verstanden hatte, dass er sie nicht erkannte. Ich glaubte, ihre Gefühle in ihren Augen ablesen zu können – sie reichten von dem Glück, ihren gesunden und glücklichen Sohn zu sehen, bis zum Schmerz über denselben Umstand. Es musste unglaublich wehtun, von seinem eigenen Sohn nicht erkannt zu werden. Mir tut es schon weh, wenn Tommy mich zurückweist und mir die kalte Schulter zeigt, wenn ich ihn nicht noch einen fünften Kräppel essen lasse. Der Gedanke, er könnte mich einmal nicht erkennen, ist kaum vorstellbar.

»Wie denn auch, du warst ja nicht da«, dachte ich als der beschützende Vater und empfand dennoch Mitgefühl.

René und ich sahen Tommys Mutter Larissa an diesem Tag auch erst zum zweiten Mal und unsere Gefühle ihr gegenüber waren damals noch ganz andere. Wir hatten Angst vor einer potenziellen Rückführung, waren ein wenig eifersüchtig, aber auch wütend darüber, dass sie ihren Sohn im Stich gelassen hatte. Ich dachte anfangs, sie könnte mit einem einzigen Satz: »Ich hole dich bald zurück« all unser aufgebautes Vertrauen zerstören. Auf der einen Seite hätte ich mir für Tommy nichts sehnlicher gewünscht, als dass seine Mama sich um ihn kümmern und er bei ihr leben könnte. Gleichzeitig hätte eine Rückführung mir das Herz gebrochen. Und mich schmerzte der Gedanke, dass er ohnehin zu ihr zurückwollte. Vom ersten Tag an, den dieser kleine Junge bei uns war, hatte ich ihn schon fest in mein Herz geschlossen. Larissa stand auf der anderen Seite des Spiegels und wollte auch nur das Beste für ihr Kind. Nur dass sie ihr eigenes Kind nicht wieder mitnehmen konnte. Wir nahmen ihr Kind wieder mit.

Da saß Larissa, mit hängenden Schultern und hoffnungslosem Blick, so hilflos und voller Scham in diesem Zimmer und ihr Sohn erkannte sie nicht. Ich weiß gar nicht, wie sie es an diesem Tag geschafft hat, sitzen zu bleiben. Ich glaube, es war ihre Liebe zu ihrem Sohn. Ohne diese wäre sie gar nicht erst zu diesem für sie schmerzvollen Termin erschienen. Sie hatte selbst vielleicht viel Leid in ihrem jungen Leben erfahren müssen, wer war ich, über sie zu urteilen?

Wusste ich, egal was uns das Amt vorher aus den Akten vorgelesen hatte, wie es wirklich für sie gewesen ist? Konnte ich mir tatsächlich ein Bild von ihrem Schicksal machen?

Nein.

Ich habe keine Ahnung, wie es ist, unbehütet und voller Sorgen aufzuwachsen. In diesem Sumpf von Verständnis für die Mutter und gleichzeitigem Unvermögen, die Umstände gänzlich erfassen zu können, fiel es mir schwer, Dankbarkeit für unsere Chance auf ein Kind zu empfinden. Ich bin nicht verantwortlich für die Mutter unseres Sohnes. Ich kann und werde ihr ewig dankbar sein, dass sie ihrem Sohn das Leben geschenkt hat, doch meine Verantwortung gilt Tommy.

Auch wenn mir diese Haltung nicht von Anfang an so bewusst war, so hatte ich doch immer Mitgefühl für Larissa. Ohne sie würde Tommy heute nicht leben und ohne ihr Unglück wäre Tommy heute nicht bei uns. So hart diese Erkenntnis auch war: Ich empfinde sie als eine der wertvollsten in meinem Dasein als Pflegevater. Ohne das Leid der Herkunftsfamilie gäbe es nicht das Glück der Pflegefamilie. Diese hässlich klingende Erkenntnis erfüllt mich mit einer Demut, die meinen Umgang mit den Müttern unserer Kinder sehr beeinflusst hat. Für mich macht es sie nahbarer und hilft mir, ihre Biografie anzunehmen und sie zu respektieren.

Ich ermutigte Tommy, seine Mutter zu begrüßen, daraufhin piepste er ein dünnes Hallo und lief, sichtlich überfordert mit der Situation, in das angrenzende Spielzimmer. Neben Tommys Mutter saß Frau Müller und wir nahmen gegenüber Platz. Ich wusste überhaupt nicht, welches Verhalten angemessen war. Sollte ich ihr Mitgefühl signalisieren oder versuchen, mir nichts anmerken zu lassen und ihr offensichtliches Unwohlsein zu ignorieren?

Diese Situation war so surreal. Ich wollte eigentlich überhaupt nicht in diesem Raum sein, hatte Angst, Tommy würde seine Mutter mir vorziehen, konnte mit dem offensichtlichen Unwohlsein von Larissa schwer umgehen. Für mein Gefühl fand das Treffen ohnehin viel zu früh statt. Ich hätte mir mehr Zeit gewünscht, in der Tommy sich an uns gewöhnen konnte. Gleichzeitig war schon so viel Zeit vergangen, dass Tommy seine Mutter nicht mehr erkannte.

Ich hörte Tommy im Zimmer nebenan mit Gegenständen klappern. Die Wand zum Spielzimmer war mit einem Fenster versehen, durch das von unserer Seite aus in das Spielzimmer geschaut werden konnte. Vom Spielzimmer aus gab es keine Möglichkeit, durch das Fenster zu blicken. Wie in dem Verhörzimmer eines Fernsehkrimis.

Frau Müller versuchte vergeblich, die angespannte Atmosphäre aufzulockern: »Schön, dass es geklappt hat.«

Wir waren so unsicher in unserer neuen Verantwortung als Eltern, und Tommys Mutter musste sich wohl immer noch daran gewöhnen, dass ihr Sohn bei uns groß werden würde. So saßen wir alle am Tisch, und die Stimmung im Raum hätte angespannter nicht sein können.

Tommy kam mit einem Buch unterm Arm zu uns ins Zimmer und sagte, er wolle gerne vorgelesen bekommen.

»Tommy, möchtest du vielleicht mit deiner Mama ein Buch lesen?«, fragte ich ihn. Wir wurden gebeten, Tommy mit seinem Vornamen anzusprechen. Zu groß könnte der Schmerz sein, wenn wir ihn »Schatz« oder »Liebling« nannten. Und, so die Sorge des Jugendamtes, die Gefahr zu groß, dass Larissa dann keine weiteren Besuchstermine wahrnähme. Gerade in dieser steifen Atmosphäre wollte ich eigentlich nichts anderes, als ihn mit Liebe zu überschütten. Und das hätte mit einem liebevollen Kosenamen wunderbar funktioniert. Aber ich wollte Larissa nicht noch mehr vor Augen führen, wie innig unsere Beziehung zu Tommy war.

»Möchtest du vielleicht mit deiner Mama ein Buch lesen?«, fragte ich ihn also vorsichtig und hoffte, er würde nicht spüren, wie viel Überwindung mich diese Frage und die Benennung seiner Mutter mit dem Wort »Mama« gerade kostete. Egal wie sehr wir uns in den Vorbereitungsseminaren immer wieder mit Besuchskontakten beschäftigt hatten, ich war hin- und hergerissen zwischen Eifersucht und Mitgefühl.

Tommy ging zurück ins Spielzimmer und ich ermutigte seine sichtlich überforderte Mutter, ihm zu folgen: »Gehen Sie ruhig hinterher«, was mir einen anerkennenden Blick von Frau Müller sicherte. Wieder fühlte ich mich wie ein Schuljunge, der vor der Lehrerin versuchte, einen guten Eindruck zu hinterlassen, um später dafür eine gute Note zu erhalten. Dabei ging es hier doch um unseren uns anvertrauten Sohn und seine Mutter, nicht um irgendeine Leistung. Aber genau dieses Gefühl wurde uns anfangs – keine Ahnung, ob bewusst oder unbewusst – vom Jugendamt vermittelt: zu kooperieren und uns gut mit der leiblichen Mutter zu stellen. Immer wieder wurde betont, wie wichtig diese Mühen für die hoffentlich später bestehende Beziehung zwischen Tommy und seiner Mutter sei. Heute kann ich das aus voller Überzeugung so sehen und unterschreiben. Damals hätte es uns und damit auch Tommy geholfen, wenn Frau Müller auch unsere Sorgen und Ängste anerkannt hätte. Wie schön wäre es gewesen, einfach mal zu hören, dass sie unsere Zweifel versteht. Wir waren so verloren im Umgang mit Larissa und so hin- und hergerissen zwischen unseren Gefühlen.

Ich kämpfte mit mir selbst. Immer wieder ging es um die Herkunftsfamilie, in unserem Fall um die Mutter. Die arme Mutter. Wir wussten ja, worauf wir uns eingelassen hatten. Sicher wussten wir das. Oder etwa nicht? Nein, wussten wir nicht. Natürlich hatten wir uns in den Seminaren mit vielen möglichen Szenarien und ausführlich mit Herkunftsfamilien befasst. Nicht zuletzt mit der Kindermeldung von Tommy und der damit verbundenen Vorgeschichte seiner Mutter und ihm. Wie so oft fühlt sich die Realität am Ende anders an.

Mit der wachsenden Liebe zu unserem Sohn und dem Alltag, in dem wir sahen, wie unsicher er war und was in seiner Entwicklung alles fehlte, nicht doch voreingenommen zu sein, schafften wir nicht immer. Wie auch, im Kindergarten, bei U-Untersuchungen beim Kinderarzt oder auf dem Spielplatz, überall wurde uns immer wieder bewusst, was ein Kind in Tommys Alter hätte können müssen. Wir waren gerade seit einem halben Jahr Eltern und hatten uns in unserer Rolle noch lange nicht gefunden. Ich versuchte instinktiv Tommy so zu erziehen, wie ich es von meinen Eltern mitgenommen hatte. Doch schnell kam ich an viele Grenzen. Tommy war und ist nicht ich. Was früher bei mir funktioniert hatte, sollte noch lange nicht auf ihn passen. Wir sahen überall nur noch, was Kinder in Tommys Alter konnten, anstatt das zu sehen, was er Tolles machte. Es war ja auch Teil unserer Aufgabe, ihn zu fördern. Dafür mussten wir wissen, wo seine Defizite waren. So fest wir davon überzeugt waren, dass Tommy alle Zeit der Welt bekommen sollte, so schnell merkten wir, dass das gesellschaftliche System ihm diese nicht geben würde. In den unzähligen Therapiemaßnahmen wurde uns immer und immer wieder rückgemeldet, was Tommy noch nicht konnte. Ob es die mangelnde Sprachfähigkeit war, ob er sich schwertat, auf einem Bein zu stehen, oder es nicht schaffte, mit einem Strohhalm zu trinken, immer wieder wurden uns Tommys Schwächen aufgezeigt. Sicher mit guten Absichten und damit wir wussten, wo wir Tommy noch mehr fördern konnten.

Wir schliefen keine Nacht durch, weil er einen trockenen Husten entwickelte, der uns wachhielt. Die Ärzte fanden keine Ursache, und ich hatte den Verdacht, dass der Husten psychosomatisch sein könnte. Denn immer, wenn ihn etwas aufwühlte, wir eine besonders stressige Zeit hatten oder er eine Entwicklung durchmachte, fing er an zu husten. Da ständig irgendwas war, ließ auch der Husten nachts nicht nach. Wir machten monatelang kaum ein Auge zu. Doch egal wie verzweifelt wir durch den Schlafentzug waren, wir waren immer an Tommys Bett. Der Husten konnte so heftig werden, dass wir Tommy wecken mussten, um ihn mit etwas Wasser zu stoppen.

Plötzlich hörte ich Tommy verhalten lachen und schaute vorsichtig ins Spielzimmer. Er saß bei seiner Mutter auf dem Schoß. Larissa wirkte glücklich und viel befreiter als eben noch am Tisch. Sie berührte vorsichtig seine Hand und Tommy kuschelte sich an sie und schloss kurz die Augen. Das war einer der Momente, in denen sich diese Extreme des Pflegevaterseins so gut zeigen. Es hat mir fast das Herz gebrochen zu sehen, wie die beiden kuscheln, dabei wollte ich mich doch für mein Kind freuen.

Trotz der vielen Seminare wurde ausgerechnet das wichtige Seminar über die rechtlichen Grundlagen immer wieder verschoben. Dadurch fehlte uns Wissen, das uns Sicherheit gegeben hätte. Auch wenn uns Tommy als Dauerpflegekind vermittelt wurde, machte mich diese Situation unsicher.

Ich dachte bei mir: »Was, wenn Frau Müller jetzt sieht, dass Tommys Mutter sich so liebevoll um ihn kümmert? Bekommt sie dann eine neue Chance? Immerhin hat er viel länger bei ihr gelebt als bei uns.«

In diesem Moment schien Tommys Lebensmittelpunkt immer noch seine Mutter zu sein, bei der er drei Jahre lang gelebt hatte. Was ich in diesem Moment ausgeblendet hatte, war, dass es einen Grund gab, warum Tommy nicht mehr bei seiner Mutter lebte. Ein langer Prozess hatte zur Inobhutnahme Tommys, dem Umzug ins Heim und zur Vermittlung an uns geführt, so leicht würde das nicht rückgängig gemacht werden. Ein langer Weg mit vielen Chancen und Möglichkeiten liegen hinter einem Pflegekind. Doch wir hatten noch nicht die Erfahrung von heute, und so machte mich Tommy auf dem Schoß seiner Mutter nervös.

Heute wünsche ich mir genau diese Intimität für unseren Sohn, auch wenn ich nicht mehr davon überzeugt bin, dass er diese Intimität unbedingt braucht. Tommy sucht nach einer Mama, die er so in seiner Mutter nicht finden wird. Dennoch ist sie seine leibliche Mutter, und er wird immer mit ihr verbunden sein.

Irgendwann kamen Tommy und seine Mutter wieder zu uns an den Tisch, um etwas zu trinken. Tommy kam direkt zu mir, setzte sich auf meinen Schoß und trank einen Schluck. Ich hätte heulen können vor Freude, dass er zu mir kam. Heute weiß ich, dass genau das den Unterschied zwischen leiblich abgebenden Eltern und Pflegeeltern ausmacht. Wir sind am Ende des Tages die Eltern, auf die sich Tommy verlassen kann, von denen er versorgt wird.

»Mei sa mei ma piele«, sagte Tommy dann. Er wollte, dass wir gemeinsam mit seiner Mutter spielten, dass wir ganz selbstverständlich zusammen Zeit verbringen. Es kostete mich damals einiges an Überwindung. Trotzdem saßen wir am Boden auf dem Spielteppich mit Autos und starrten auf die Spielzeugautos in unseren Händen. Für mich keine einfache Situation und für Larissa bestimmt auch nicht.

Als es ans Abschiednehmen ging, hatte ich große Angst vor seiner Reaktion. Würde er anfangen zu weinen und sich weigern, mit uns zu gehen? Was würden wir dann machen?

Zur Beruhigung für unser Elternherz kam Tommy einfach mit. Keine Tränen. »Bekommt die Mama noch eine Umarmung?«, fragte seine Mutter ihn, woraufhin Tommy Larissa umarmte. Wir gaben ihr die Hand und verließen das Jugend-amt.

Auf der Rückfahrt sagte Tommy: »Danke mei Ma sehe …«, danke, dass wir meine Mama gesehen haben. Da saß dieser klei-ne, von seiner Mutter verlassene Wurm und bedankte sich bei uns.

Abends, als wir ihn ins Bett brachten, weinte Tommy ganz stark und brauchte eine lange Zeit, bis er reden konnte.

»I mei Mama aus meim Herzen verlore«, sagte er schluch-zend.

So ehrlich und klar seine Rückmeldung war, so schwer fiel es mir, die passenden Worte zu finden. »Ach, mein Engel, du hast deine Mama nicht aus deinem Herzen verloren. Auch wenn sich das jetzt so anfühlt.« Irgendein Bild brauchte ich, um ihm zu erklären, wie wunderbar und groß sein Herz ist. Mein Blick fiel auf ein personalisiertes Kinderbuch: »Tommy und der Zauberkoffer«. Ich setzte mich zu ihm ins Bett, damit er sich an mich kuscheln konnte. Dann nahm ich seine Hand in meine: »Weißt du, unser Herz funktioniert wie ein Zauberkoffer. Auch wenn es nur so klein wie unsere geballte Faust ist: Es passt viel mehr hinein. Öffne mal deine Faust.«

Er tat es und blickte auf seine geöffnete Hand.

»Siehst du, deine Hand ist jetzt viel größer, als deine Faust vorher war. Und so funktioniert auch dein Herz. Dort drinnen ist so viel Platz, wie du brauchst. Da passen Oma und Omi rein, unsere Hühner Greta, Emma, Pauline und Trude, deine Onkels und Tanten, Papa und Papi und deine Mama«, erklärte ich ihm.

Er überlegte kurz und fragte dann: »Un unsere Schildöden?«

Ich konnte nicht anders, als zu lächeln. »Ja, mein Schatz, auch Lilly, Ludmilla und Leopold. So groß ist dein Herz.«

Lange nachdem er schon schlief, blieb ich noch bei ihm liegen und hielt ihn fest. Mein Herz war so schwer, weil es für mich mindestens genauso schwer war, mit der Realität umzugehen.

Nach einer sehr unruhigen Nacht, in der weder Tommy noch wir viel Schlaf fanden, war Tommys Stimmung wie am Abend zuvor.

Tagelang war er noch unsicherer als sonst, weinte ständig und wirkte so verloren wie vor seinem Einzug bei uns. Es fühlte sich an, als würde unsere Liebe nicht mehr reichen. Seine Mutter schien ihm so sehr zu fehlen. Und auch wir waren einfach unglücklich, weil unser Kind es war. In dieser Zeit ging er nicht in den Kindergarten und auch sonst bestand unser Tag darin, Tommy ganz viel Ruhe in unserem Zuhause zu geben.

Nach zwei Wochen normalisierte sich unser Alltag langsam wieder. Dann musste René wieder fliegen und Tommy hatte unglaublich große Angst. Er wollte nicht, dass René weggeht, er weinte und schrie. Ich hätte Tommy diesen Abschied am Flughafen gerne erspart, doch wir hatten nur ein Auto. Normalerweise war es für Tommy in Ordnung, René zum Flughafen zu bringen. Doch als René dieses Mal durch das Drehkreuz ging und für uns nicht mehr erreichbar war, fing Tommy an zu jaulen wie eine Sirene bei Feueralarm. Ich kannte René gut genug, um an seiner Körperhaltung zu erkennen, dass es ihm schwerfiel, uns so zurückzulassen. Seine sonst so lockeren Bewegungen waren steif und alles in ihm schien sich gegen jeden weiteren

Schritt zu wehren. Er hatte Tränen in den Augen und wollte alles, aber nicht von uns weg.

Ich setzte mich mit Tommy ins Auto und versuchte ihn zu beruhigen und konnte nichts anderes tun, als da zu sein, da nichts, was ich sagte, ihn erreichte. Heute weiß ich, dass genau das manchmal genügt.

Bevor der Kontakt zu Tommys Mutter das erste Mal abbrach, hatten wir noch einen zweiten Besuchskontakt. Das war knapp zwei Monate später im Frankfurter Zoo.

»Tommys Mutter fühlt sich in unseren Besuchsräumen nicht wohl und ich glaube, auch Tommy würde die Bewegungsfreiheit guttun. Wir haben hier nicht viele Ausweichmöglichkeiten und der freie Himmel hilft bestimmt auch der Psyche«, redete Frau Müller auf mich ein. Obwohl René nicht dabei sein würde und obwohl mir nicht wohl bei dem Gedanken war, stimmten wir zu.

Als wir im Zoo waren, schlug Frau Müller vor: »Herr Silvergieter, ich glaube, es wäre ganz gut, wenn wir uns heute ein wenig im Hintergrund halten und den beiden ein wenig Freiraum lassen.«

Alles in mir sträubte sich gegen den Vorschlag, Tommy, und vor allem seiner Mutter, so viel Freiräume und Privatsphäre zu lassen. Was würde sie ihm sagen, wenn ich nicht dabei war? Und was würde bei ihm ankommen? Keiner wäre da, um einzugreifen, wenn sie ihm sagen würde, sie werde ihn wieder zu sich holen. Immerhin hatte sie genau das zu René bei unserem allererersten Treffen gesagt: »Ich möchte, dass Tommy bei mir aufwächst.« Das hatten wir Frau Müller auch rückgemeldet. Ich vertraute auf Frau Müllers Erfahrung und Expertise und hielt mich mit ihr ein wenig abseits der beiden auf.

Anfangs lief es richtig gut. Tommys Mutter wirkte viel ge-löster als beim letzten Treffen im Amt. Vielleicht war das doch eine gute Idee mit dem freien Himmel, dachte ich und ent-spannte mich ein wenig.

Tommy rannte von Gehege zu Gehege, als Frau Müller immer langsamer wurde und mir mit ihrer Hand signalisierte, stehen zu bleiben, um den beiden noch mehr Privatsphäre zu geben. Tommy freute sich, wann immer er ein Tier sah, und blieb immer dicht bei seiner Mutter. Sie las ihm die Infotafeln an den Zäunen vor und ich freute mich für die beiden.

Als wir bei den Flamingos waren, sprang Tommy auf eine Bank und seine Mutter setzte sich dazu. Frau Müller und ich waren viel zu weit weg, und ich hatte keine Chance, irgend-etwas zu verstehen. Larissa sprach mit ihm, nahm seine Hand und strich ihm über die Wange. Tommy drückte sie ganz fest. Nach einer gefühlten Ewigkeit ließ er sie los, sprang auf und rannte zum nächsten Gehege, gefolgt von seiner Mutter.

Frau Müller schien sehr zufrieden mit dem Verlauf des Tref-fens, während ich mich zunehmend unwohler fühlte. Was hatte Larissa Tommy gesagt, dass er sie so fest gedrückt hatte? Ich kann-te sie kaum und ihre Aussage im Amt, Tommy wieder bei sich haben zu wollen, bereitete mir noch immer Sorge. Nach einer Stunde erreichten wir den Spielplatz und von jetzt auf gleich war Tommys Mutter wie ausgewechselt. Ihr Handy hatte geklingelt und der Anruf schien sie so aus der Situation gerissen zu haben, dass es ihr schwerfiel, sich wieder mit Tommy zu befassen.

Damals ärgerte ich mich sehr, dass sie ihr Handy überhaupt auf laut gestellt hatte und dann auch noch drangegangen war. Heute denke ich etwas differenzierter. Vielleicht hatte sie Streit mit ihrem Freund und wollte die Auseinandersetzung gerne am Telefon beenden, und das gelang nicht. Vielleicht katapultierte sie dieses Telefonat aus dem kleinen Traum mit Tommy in die Realität zurück. In jenem Moment empfand ich ihr Verhalten als sehr respektlos Tommy gegenüber. Ich war sauer und traurig, dass der innige Kontakt für Tommy so abrupt endete. Egal wie schwer ich mich von Anfang an mit dem Treffen tat, ich fand es in diesem Moment schade für Tommy, dass es ein solch jähes Ende nahm.

Tommy schien das nicht weiter zu bemerken, er wollte Hilfe beim Klettern, und da seine Mutter nicht reagierte, ging ich zu ihm. Mehrmals versuchte ich sie zum Klettergerüst zu locken, sagte ihr, Tommy könne die Hilfe seiner Mama gebrauchen, doch sie war mit ihren Gedanken längst nicht mehr bei Tommy. Sie schaffte es nicht einmal mehr, mir eine Antwort zu geben. Es überraschte mich nicht, als sie wenig später Frau Müller signalisierte, das Treffen beenden zu wollen.

Ich sagte Tommy, dass wir langsam losmüssten, da es spät wurde. Auf dem Weg zum Ausgang war die Stimmung sehr angespannt und Tommys Mutter sprach kaum ein Wort. Tommy hingegen schien nichts von dem Wandel seiner Mutter zu merken. Jedenfalls wirkte er gelöst, kam zu mir, nahm meine Hand, um im nächsten Moment wieder zu einem Gehege zu hüpfen.

Vor dem Kassenhaus des Zoos kniete sich Larissa hin und nahm Tommy in den Arm. Es brach mir das Herz, als ich sah, wie selig und zufrieden Tommy in den Armen seiner Mutter auf mich wirkte. Larissa reichte mir noch die Hand, schaffte es aber nicht, mir in die Augen zu sehen. Einmal mehr war ich verwirrt von meiner aufrichtigen Sympathie Larissa gegenüber und meinen inneren Vorwürfen an sie.

Zu Hause verdrehte Tommy ständig die Augen, verkrampfte seine Hände und wechselte ganz plötzlich zwischen hysterischem Lachen und Weinkrämpfen hin und her. Ich konnte ihn nicht erreichen, ihn nicht beruhigen. Wieder einmal musste ich zusehen, wie ihn der Besuchskontakt zu seiner Mutter völlig verwirrte und verstörte. Das konnte doch nicht gewollt sein. Sicher müssten wir uns alle erst einmal an diese Kontakte gewöhnen. Doch zu welchem Preis? Waren wir tatsächlich nur die Pflegeeltern, die immer wieder zusehen mussten, wie ihr Sohn nach jedem Treffen völlig durcheinander sein würde? Würden wir jetzt immer zwei gute und zwei schlechte Wochen haben? Wie sehr muss ich mein Kind leiden sehen, wie viel müssen wir als Pflegefamilie aushalten?

»Denken Sie daran, Sie sind die Experten für Ihre Pflegekinder« – ein Satz, der uns im Vorbereitungsseminar gesagt wurde, kam mir in den Sinn. Deshalb setzte ich mich abends, als Tommy schlief, hin und schrieb Frau Müller einen Brief. Ich schrieb ganz deutlich, wie schlecht es mir während der Treffen und auch nach den Treffen ging. Wie schlecht es Tommy ging.

Egal wie viel Erfahrung die Mitarbeiterinnen der Jugendämter haben, egal wie wichtig die Herkunftsfamilie auch sein mochte, Tommys Verhalten ließ mich an dem Konzept der regelmäßigen Besuchskontakte zweifeln. Ich fühlte mich als Tommys Hauptbezugsperson verantwortlich für sein Wohlergehen, und solch einer Situation würde ich uns nicht noch einmal aussetzen. Ich hatte das Gefühl, dass er nach dem Treffen im Zoo noch verwirrter war als ohnehin schon. Zu einem weiteren Treffen war ich bereit, aber dann wieder in den geschützten Räumen des Jugendamtes. Auch wenn das für Tommys Mutter eine größere Herausforderung bedeutete.

Als ich René den Brief an Frau Müller mailte, war er überrascht von meinen deutlichen Worten. Sie seien sehr hart, aber das seien meine Gefühle, und er fände, ich habe das Recht, diese so zu äußern. Am nächsten Tag, als René landete, sagte er zu mir: »Was ist denn mit unserem Sohn passiert? Ich erkenne Tommy kaum wieder.« Nun verstehe er den Brief und meine Wut auf Frau Müller.

René war ebenso schockiert über Tommys starkes emotionales Durcheinander. Es dauerte wieder zwei Wochen, bis er sich erholt hatte. Und wieder fingen wir gefühlt bei null an.

»Das sind die einzigen leiblichen Eltern, die diese Kinder haben. Jeder Kontakt ist die Chance auf eine Verbindung zu den eigenen Wurzeln«, wird unsere großartige Familientherapeutin bis heute nie müde zu erwähnen. Und da wir nie wissen, wie lange und wie gut der Kontakt zu den leiblichen Eltern bestehen bleibt, versuchen wir noch heute, jede Gelegenheit zu nutzen.

Frau Müller lud mich auf meinen Brief hin zu einem Gespräch in ihr Büro ein und versuchte, das letzte Treffen und die Beweggründe für ihr Vorgehen zu erklären. Sie habe versucht, für Larissa eine gute Atmosphäre zu gestalten. Damit Tommy sich auf seine Mutter einlassen könne, da er so an mir hinge. Larissa war bei dem ersten Treffen so angespannt gewesen und Frau Müller hatte das Gefühl, noch so einen Besuchskontakt hätte sie nicht verkraftet.

Auch wenn ich ihre Argumente verstand, war ich es, der Tommy zu Hause so unerträglich verloren erleben musste. Ich hatte nach den beiden Besuchskontakten erst die Wichtigkeit von uns Pflegeeltern für Tommy begriffen. Mir war klar geworden, dass wir für Tommy unersetzlich waren. Wir waren jetzt seine Eltern und wussten, dass wir nicht einfach ausgetauscht werden konnten. Die Alternative zu uns wäre wieder eine Unterbringung im Heim. Ich war sicherer, selbstbewusster und trat für unseren Sohn und unsere Familie ein.

Frau Müller erzählte von Larissas Schmerz, als mir einmal doch »Liebling« rausgerutscht sei, und betonte, wie wichtig es für Larissa sei, dass Tommy ihr Sohn bliebe. Zwar zeigte Frau Müller Verständnis für meine Gefühle, doch machte sie weiter deutlich, wie wichtig Larissas Gefühle seien. Am Ende blieb mein Eindruck, dass Larissas Gefühle eine höhere Priorität hätten als Tommys Wohl. Nach diesem Gespräch war unser Verhältnis angespannt.

Zu einem neuen Treffen mit Tommys Mutter sollte es erst wieder kommen, als die Zuständigkeit des Jugendamtes wechselte. Frau Müller hatte nach dem Treffen im Zoo vergeblich versucht, Kontakt zur Mutter herzustellen. Ein Jahr später, mit dem Wechsel zum Jugendamt in unserem Wohnort, schrieb René Tommys Mutter einen Brief: »Wir sehen, dass du Tommy fehlst, und er dich braucht. Wir können und wollen dich nicht ersetzen. Du wirst immer Tommys Mutter bleiben. Und wir freuen uns, wann immer du dazu bereit bist, Tommy zu besuchen ...«

Auf diesen Brief hin meldete sich Larissa tatsächlich. Sie kam zu uns ins Jugendamt und wir hatten ein aufrichtiges Gespräch.

»Es tut mir leid, dass ich damals im Zoo Tommy ›Liebling‹ genannt habe. Ich wollte dir damit nicht wehtun. Tommy ist mir so wichtig, und ich liebe ihn wie mein eigenes Kind. Was ihn deswegen nicht weniger zu deinem macht«, sagte ich zu

Larissa und hatte Tränen in den Augen. Ich wollte, dass sie mich nicht als Gegner sieht, sondern als jemanden, der sich mit all seiner Liebe um ihren Sohn kümmert.

Auch Larissa hatte Tränen in den Augen und sagte: »Und genau das ist toll. Ich freue mich für Tommy. Ich freue mich, dass es ihm so gut bei euch geht. Aber es tut mir auch so unendlich weh, ihn so vertraut mit euch zu sehen. Ich habe Angst, dass er mich bald vergisst.«

»Immer wieder zeigen wir ihm Fotos von dir. Er hat sich ein Bild ausgesucht, das wir eingerahmt haben. Es steht im Flur und ist für Tommy immer sichtbar.«

Larissa wirkte nach dem Gespräch sehr viel beruhigter und wollte Tommy unbedingt wiedersehen. Also verabredeten wir uns gemeinsam mit dem Jugendamt auf einem Spielplatz bei uns.

Einen Monat später trafen wir uns auf dem Spielplatz und Tommy rannte seiner Mutter freudestrahlend in die Arme. Ich konnte nicht anders, als zu weinen. Denn Larissa hatte genau vor dieser Begrüßung Angst: »Was, wenn Tommy sauer auf mich ist, weil ich so lange nicht da war?«

Doch da stand sie mit ihrem Sohn im Arm und weinte vor Freude.

Die beiden spielten ununterbrochen miteinander und weder Tommy noch Larissa schien die Ausdauer auszugehen.

Als wir uns zwei Stunden später auf den Rückweg zum Parkplatz machten, kam mir der Gedanke, Larissa Tommys Kindergarten zu zeigen, der hundert Meter entfernt war. Ich dachte, es wäre schön, wenn sie einen Eindruck von Tommys Welt bekäme und wüsste, wo er vormittags seine Zeit verbringt.

Da die Kita noch offen war, schlug ich vor, reinzugehen und ihr die Räumlichkeiten zu zeigen.

»Hallo, dürften wir kurz reinkommen? Tommys Mutter ist zu Besuch und wir wollten ihr gerne zeigen, wo Tommy so gerne spielt.«

Frau Ruckel, eine ältere und herzliche Erzieherin war noch da und ging sofort auf Larissa zu: »Wie schön. Es freut mich, Sie kennenzulernen. Tommy erzählt so oft von Ihnen.« Dann drückte sie Larissa und zeigte ihr Tommys Kindergarten.

Als wir zum Auto zurückliefen, war Tommy platt und wollte zwischen René und mich und nahm unsere beiden Hände.

Larissa lief hinter uns und ich dachte, dass sich das schrecklich anfühlen müsse. Erst hatte sie so viel mit Tommy gespielt und hatte all seine Aufmerksamkeit, und plötzlich schien er sie nicht mehr zu beachten. Als René sah, dass ich ihn anschaute, deutete ich mit meinem Kopf nach hinten. Wir riefen beide laut »Engelchen, Engelchen flieg« und drehten Tommy beim Hochheben nach hinten zu seiner Mutter. Mit der letzten Hebung übergaben wir Tommy in Larissas Arme. So gingen wir den restlichen Weg bis zum Auto gemeinsam als Väter und Mutter von Tommy.

Auch bei Annika erlebten wir körperliche und emotionale Spuren nach den ersten Kontakten. Ich würde sagen, ihr jüngeres Alter und die regelmäßigeren Kontakte ließen sie sich schnell an die Situation gewöhnen. Nach dem fünften Kontakt schienen ihr die Treffen nicht mehr so zuzusetzen. Lediglich abends im Bett erbrach sie nach jedem Treffen mindestens einmal. Da wir das wussten, uns vorbereiten und darauf einstellen konnten, war das bald nicht weiter tragisch.

Bei den Treffen schien es mir, als habe Annika keinen Bezug zu ihrer Mutter, doch ihr freundliches und offenes Wesen ließen sie mit ihrer Mutter spielen. Annika hatte aber von Anfang an regelmäßige Kontakte zu ihrer Mutter. Sie war ihr also nicht fremd, auch wenn es auf mich so wirkte. Nur ihr Erbrechen und die unruhigen Nächte nach den Treffen zeigten mir, dass sie die Bedeutung der Treffen vielleicht doch spürte. Ich dachte, Annika würde sich mehr auf ihre Mutter einlassen, wenn ich mich zurückzöge, und so blieb ich am Tisch sitzen. Auch wenn genau das bei Tommy nicht funktioniert hatte, versuchte ich es erneut. Immerhin ist jedes Kind anders. Auch die Beziehung zwischen Annika und ihrer Mutter war eine andere. Ich schaute vom Tisch aus zu, während Annikas Mutter versuchte, mit ihrer Tochter Kontakt aufzubauen. Nur wenn Annika auf mich zukam, setzte ich mich dazu. Manchmal kam auch Annikas Mutter und signalisierte, dass sie Hilfe bräuchte.

Wochen später lernte ich in einem Seminar, dass ich Annika ihre Stütze in dieser emotional angespannten Situation nahm. Mich. Jedes Jugendamt handhabt die Vorbereitung und Weiterbildung der Pflegeeltern anders. Das Jugendamt, das uns Annika vermittelt hatte, hielt nach Einzug des Kindes Schulungsseminare. Heute noch bin ich unendlich dankbar für das dort erworbene Wissen. Unsere Fragen wurden beantwortet, und wir bekamen endlich den Zuspruch und damit die Sicherheit, die uns bei Tommy anfangs so oft fehlte. Ob es um unsere Rechte als Pflegeeltern, die Rechte der Herkunftsfamilie oder die der Kinder ging oder um Hilfestellungen, die uns längst zugestanden hätten. Wir erfuhren auch, dass wir zum Beispiel einen Besuchskontakt zum Wohle des Kindes durchaus absagen konnten. Dazu braucht es die Unterstützung des Jugendamtes und vielleicht auch die Entscheidung eines Familiengerichtes, aber wir, und vor allem unsere Kinder, haben Rechte. Wir fühlten uns nicht mehr so ausgeliefert wie am Anfang unseres Pflegeelterndaseins.

Auch dieses Jugendamt befürwortete das Grundprinzip der Besuchskontakte. Doch der Rahmen des Umgangs ist vor allem für das Kind immens wichtig. Ich kann immer nur aus meiner eigenen Erfahrung schöpfen. Jeder Fall ist anders. Da Annika ihre Mutter kaum kannte, war ich ihre Hauptbezugsperson. Ich sollte immer dicht bei ihr bleiben, den Kontakt zu ihrer Mutter ermöglichen, doch sollte ich Annika nicht allein lassen. Als mir das im Seminar gesagt wurde, fühlte ich mich so schlecht. Es klang absolut nachvollziehbar, was uns Frau Walter in dem Seminar erzählte. Alles, was ich wollte, war, der leiblichen Mutter und ihrer Tochter die Möglichkeit einer Beziehung zu geben. Dass ich das durch meinen Rückzug verhinderte, war mir nicht bewusst gewesen. Von da an blieb ich immer in Annikas Nähe, lud ihre Mutter ein, sich zu uns zu setzen oder mit uns gemeinsam ein Buch zu lesen. Doch es war nicht mehr Annikas Mutter, auf die ich versuchte Rücksicht zu nehmen.

Das stimmt nicht ganz. Einen emotionalen Umstand versuchte ich der Mutter zuliebe abzuwenden. Annika nannte mich Mama. Wann immer in einem Besuchskontakt Annika Mama sagte, lenkte ich das Wort auf ihre leibliche Mutter. Ich wollte ihr den Schmerz ersparen. Zur Sicherheit bezog ich unsere Sachbearbeiterin mit ein und fragte, wie sie Annikas Mutter einschätzte. Auch sie war der Auffassung, dass dies Annikas Mutter zu sehr verletze. Vielleicht hätte ich von Anfang an ehrlich mit ihr sein sollen. Vielleicht sind es gerade diese abgenommenen Verantwortungen, die die Beziehung zwischen uns Erwachsenen so verkomplizieren.

Ich halte Annikas Mutter für sehr sensibel. Wahrscheinlich hatte sie längst gespürt, dass Annika mich mit Mama meinte. Mein Versuch, ihr diesen Schmerz zu nehmen, löste vielleicht in ihr eine mangelnde Wertschätzung meinerseits aus. Und so habe ich möglicherweise ungewollt genau das Gegenteil von dem erreicht, was ich eigentlich wollte. Statt die Stimmung zu lockern und ihr den Schmerz zu nehmen, habe ich ihr Vertrauen genommen. Was ich sagen möchte, ist, dass wir oft aus gut gemeinten Motiven Menschen, vor allem unseren Kindern, weniger zutrauen, als diese eigentlich vertragen. Damit erreichen wir genau das Gegenteil dessen, was wir möchten. Denn die »Lüge«, die zum Schutz erzählt wurde, spürt das Gegenüber, und das steht einer ehrlichen und aufrichtigen Beziehung im Weg. So hart diese Realität auch ist: Es braucht diese Aufrichtigkeit, um eine Beziehung zu unseren Kindern und deren Eltern aufzubauen. Im Nachhinein habe ich das Gefühl, dass genau diese guten Absichten bei Tommys Mutter ihre ablehnende Haltung erzeugt haben können. Sie ist ein sehr intelligenter und feinfühliger Mensch. Fast glaube ich, sie hat sich von mir verspottet gefühlt.

Ich bin der Überzeugung, dass der Kontakt zur leiblichen Familie wichtig ist. Wenn er dem Kind guttut. Pflegeeltern brauchen die Stütze des Amtes, um der Herkunftsfamilie mit Respekt zu begegnen. Trotzdem passiert es mir heute noch, wenn sich Annikas Mutter länger nicht meldet, dass ich mich im ersten Moment über sie ärgere. Mein Mann erinnerte mich zuletzt an die Worte unserer fantastischen Familientherapeutin: »Wenn sie es schaffen würde, sich an Vereinbarungen zu halten und für ihre Tochter da zu sein, bräuchte Annika nicht bei Ihnen zu leben.«

Da war es wieder: Ihr Schicksal ist unser größtes Glück. Ich war so oft frustriert, wenn kurzfristig ein Besuchskontakt abgesagt oder der Geburtstag vergessen wurde. Aber Fakt ist, beide Mütter unserer Kinder schaffen es einfach nicht. Sie haben vielleicht von ihren eigenen Eltern wenig von dem mitbekommen, was sie heute für ihre Kinder bräuchten. Und so bleibe ich einfach dran, schreibe Annikas Mutter immer wieder an und gebe ihr so viele Möglichkeiten, wie ich kann. Weil ich mittlerweile verstanden habe, wie schwer es für sie ist.

Zu Tommys Mutter Larissa hatten wir nach jenem Besuch auf dem Spielplatz und in Tommys Kindergarten ein Jahr lang ein sehr gutes Verhältnis. Ich kann meinem Sohn ehrlich sagen, dass auch ich es doof finde, keinen Kontakt mehr zu seiner Mutter zu haben. Bei unserem letzten Treffen im Museum beeindruckten mich ihre Neugier und ihr Wissen sehr. Tommy rannte im Museum von Triceratops zu Tyrannosaurus und dann zum Unterwassersaurier-Film. Ich mag Larissa und habe die Gespräche mit ihr sehr genossen. Anfangs fühlte es sich sehr fremd an, mit ihr allein zu reden, während Tommy das Museum erforschte, doch dann fand ich es sogar richtig schön. In ihren Charakterzügen erkannte ich immer wieder Tommy und so sah ich, was er alles von seiner Mutter hatte, aber auch, was er schon von uns übernommen hatte, wie zum Beispiel Redewendungen, Verhalten und Gesichtsmimik. Er ist wirklich unser gemeinsamer Sohn – Larissas, Renés und meiner.

Einmal entwischte uns Tommy, während wir uns unterhielten, und wir konnten ihn zunächst nicht finden. Dann schauten wir uns an und grinsten, da wir den gleichen Gedanken zu haben schienen. »Der Bildschirm«, sagte Larissa, und ich nickte. Ein Gefühl von Vertrautheit und Gemeinsamkeit kam auf. Das war schön, denn in diesem Moment ging es nicht mehr um die leibliche Mutter und den Pflegevater, sondern um zwei Eltern, die unabhängig von der Familiensituation ihren Sohn kannten. Ohne viele Worte.

Frau Müller pflegte stets zu sagen, zu viel Vertrautheit und Nähe bergen die Gefahr, die leiblichen Eltern emotional sehr an sich zu binden. Der Grat zwischen Abstand und Nähe sei sehr fein. Doch ich empfand diese gemeinsame Zeit als große Bereicherung.

Als wir an diesem Tag nach zwei Stunden das Museum verließen, spielten Tommy und Larissa noch eine Stunde auf der Wiese vor dem Museum. Ich saß einfach da und schaute den beiden zu. Und obwohl ich nicht Teil des Spiels war und auch nicht groß beachtet wurde, war da keine Eifersucht mehr. Ich sah es genau so, wie es war: Eine Mutter spielt mit ihrem Sohn. Als es spät wurde und ich Hunger bekam, kündigte ich an: »Tommy, wir müssen bald los. Es wird spät. Spielt ruhig noch fünf Minuten, dann brechen wir langsam auf.«

Wir haben festgestellt, dass Tommy Ankündigungen braucht, um sich auf die neue Situation einzustellen. Heute noch handhaben wir das beim Zubettgehen so, oder auch, wenn wir das Haus verlassen.

»Können wir heute im Restaurant essen gehen?«, fragte Tommy. Er liebt es, wenn wir unterwegs sind, im Restaurant essen zu gehen.

Auch wenn ich müde war und lieber nach Hause gefahren wäre, so stimmte ich doch zu. Nach einem so emotionalen Tag fand ich es besonders wichtig, auf Tommys Wünsche zu achten und, sofern möglich, auch zu erfüllen. Nachdem ich einwilligte, fragte er: »Können wir meine Mama mitnehmen?«

»Wenn deine Mama das möchte, sehr gerne«, sagte ich.

Sie wollte, und so schaute ich auf meinem Smartphone nach einem nahegelegenen Restaurant. Fünf Minuten zu Fuß war ein Italiener. Da wäre bestimmt für jeden etwas dabei, dachte ich. Ich fragte Larissa, ob sie damit einverstanden wäre, und wir liefen los. Auf dem Weg zum Restaurant kamen wir an einer Baustelle vorbei. Auf der Straße war ein großer Sandberg. Tommy rannte den Berg taumelnd hoch, da der Sand nachgab, wälzte er sich hin und her und war selig. Ich ließ ihn zunächst spielen und seine Mutter tobte kurz darauf auch mit ihm im Sand. Ungefähr zehn Minuten später sagte ich: »Wir müssen in fünf Minuten weiter, da wir noch essen gehen wollen und danach noch eine Stunde bis nach Hause brauchen.«

Als Tommy weitere fünf Minuten später kein Ende finden wollte, bat ich ihn: »Jetzt komm bitte runter, fünf Minuten sind um.«

Tommys Gesicht wurde sofort rot und seine Gesichtszüge verfinsterten sich. Obwohl seine Mutter längst zu mir runtergekommen war, weigerte sich Tommy, die Sandburg zu verlassen. Er schimpfte laut, und ich wusste nicht, wie ich vor seiner Mutter reagieren sollte. So eine Situation hatten wir noch nicht. Ich wollte ihn nicht vor seiner Mutter »bloßstellen«, indem ich ihn maßregelte. Weil er so einen aufregenden Tag hinter sich hatte, sah ich es ihm nach und ließ ihn seine Wut an mir abladen. Doch er kam aus seinem Ärger nicht raus, und ich fühlte mich vor Larissa zusehends unwohler. Dennoch fiel mir nichts ein, wie ich Tommy hätte helfen können.

»Jetzt ist aber mal gut, Tommy. So redest du nicht mit deinem Papi. Das finde ich nicht in Ordnung«, sagte Larissa und ich war sprachlos. Auch wenn wir uns nach diesem Tag vertrauter geworden waren, hätte ich nicht erwartet, dass sie mich vor Tommy verteidigte und dabei riskierte, sich seinen Zorn zuzuziehen. Ich sah uns in Gedanken wieder gemeinsam unter unserem Kirschbaum sitzen.

Auf dem Nachhauseweg schlief Tommy in der Bahn an meine Schulter gelehnt ein. Trotz der schönen Tage, die wir hatten, ist der Kontakt zu Larissa abgebrochen. Sie hat den Schmerz einfach nicht ertragen, Tommy nur einmal im Monat zu sehen.

Ich bedauere es sehr, dass wir uns nicht mehr sehen, und wünsche mir für Tommy sehr, dass sich das irgendwann wieder ändert. Bis dahin bleibt unsere Bereitschaft, Larissa immer wieder mit offenen Armen zu begrüßen.

11
Ein zweites Pflegekind?

Vorfreude und Komplikationen

Kevin

»Bitte, können hier noch zehn Kinder einziehen?«, fragte Tommy, als ich mit ihm unter seinem Hochbett kuschelte. Wir hatten uns gerade gekabbelt, und Tommy schnaufte und gackerte noch auf meiner Brust, während er sich beruhigte.

Diesen Wunsch sollte er noch öfter äußern, und er schien mehr als bereit, sein Bett, seine Spielsachen und sein Zimmer teilen zu wollen.

René und ich waren uns beide von Anfang an einig, dass wir gerne zwei oder mehr Kinder haben möchten. Tommys bestehender Wunsch nach einem Geschwister bestärkte uns in unseren Gedanken, dass ihm und uns eine Schwester oder ein Bruder guttäte. Wir sind beide mit Geschwistern groß geworden und lieben diese sehr. Sicher haben wir uns als Kinder öfter mal gestritten und auch heute sind wir bestimmt nicht immer einer Meinung mit unseren Geschwistern. Doch wir sind füreinander da, und das empfinde ich als sehr wichtig. So rufe ich Renés Schwester Yvonne an, wenn ich ihren Rat in Erziehungsfragen suche, oder meinen Bruder, wenn ich mich um die Gesundheit unserer Mutter sorge. Ich hatte einfach das Gefühl, dass uns als Familie ein zweites Kind guttäte. René und ich waren immer ein sehr starkes und eingespieltes Team, das machte es Tommy sicher nicht immer leicht. Ich hoffte, mit einem Bruder oder einer Schwester würde er sich gegen uns verbünden können und unsere Familiendynamik würde mit einem weiteren Kind mehr Gleichgewicht erfahren.

Aber wie ist das bei Kindern mit unterschiedlichen biologischen Eltern? Auch wenn leibliche Geschwister sich anfangs ebenfalls fremd sein mögen, macht es vielleicht einen Unterschied, ob Geschwister blutsverwandt sind oder nicht.

Es gibt Studien, die belegen zwar, dass Geschwister per se nichts miteinander gemein haben und als völlig unterschiedliche Menschen groß werden. Doch teilen leibliche Geschwister die gleichen Gene. Immerhin eine Basis. Glaubte ich. Zwei Kindern, die aus verschiedenen Familien in eine Pflegefamilie kommen, ist diese Verbindung nicht in die Wiege gelegt. Deshalb dachten wir, würde es besonders wichtig werden, auf das Zusammenführen unserer Kinder zu achten. Wie würde es in Sachen Eifersucht stehen oder um unser Bemühen um Gleichberechtigung oder auch bei der unterschiedlichen Behandlung wegen des unterschiedlichen Alters?

Darüber hinaus machten wir uns Gedanken, wie Tommy auf ein Kind reagieren würde, das sich normal entwickelte. Und würde er vielleicht eifersüchtig werden, wenn das andere Kind regelmäßigen Kontakt zur leiblichen Familie hätte, während er seine Mutter schon seit zwei Jahren nicht mehr gesehen hatte? Schon in einer normalen Familie ist ein zweites Kind eine enorme Herausforderung für das Familienkonstrukt. Für uns bedeutete es, ein weiteres Kind aufzunehmen, das wahrscheinlich auch schon ein Trauma erlitten hat, dessen Umfang uns nicht bekannt wäre. Der Weg des Zusammenwachsens in einem solchen Konstrukt würde noch viele Herausforderungen mehr mit sich bringen als in einer Regelfamilie.

Doch ein weiteres Pflegekind bedeutete eben auch, dass Tommy nicht unser einziges Pflegekind bliebe und sich vielleicht nicht allein mit der eigenen Geschichte fühlte.

In seinem gesamten Umfeld, angefangen bei unserer Familie über Kindergarten und Turnverein bis hin zu Schule und Nachbarschaft, sah Tommy immer, dass er nicht bei seinen leiblichen Eltern aufwuchs. Ein weiteres Kind, das dieses Schicksal mit ihm teilte, würde es ihm hoffentlich etwas leichter machen, damit umzugehen.

Ein weiterer Aspekt, um den wir uns Gedanken machen mussten, war die rechtliche Lage. Es kommt immer wieder vor, dass Kinder vermittelt werden sollen, obwohl die Frage des langfristigen Verbleibs noch nicht abschließend geklärt ist. Das Dilemma ist oftmals, dass man auf der einen Seite ein Kind hat, das man jetzt und sofort in eine sichere Zukunft geben möchte, während auf der anderen Seite die amtlichen Verfahren langwierig und aufwendig sind, vor dem Hintergrund, die Fälle genau zu prüfen und allen Beteiligten möglichst gerecht zu werden. Da einzelne Fälle unberechenbar sein können, war es für uns wichtig sicherzugehen, dass ein zweites Kind auch wirklich bei uns bliebe.

Ein Kind wieder herzugeben wäre für mich schon undenkbar. Sich von einem Geschwister trennen zu müssen wäre für Tommy sicher eine Katastrophe. Abschiednehmen war immer noch ein schwieriges Thema für ihn. Immer wieder betonte er, dass er nicht möchte, dass ich länger weg bin. Er weinte, wenn Renés bester Freund nach dem Abendessen wieder nach Hause fuhr. Wenn ich ihn von der Schule abholte und er seine Klassenkameraden in die Betreuung gehen sah, weinte er manchmal, weil er sie so sehr vermisste. Dass er sie am nächsten Tag wiedersah, schien es ihm in diesem Moment nicht leichter zu machen.

René und ich saßen in Frau Müllers Büro beim Jugendamt, um über Tommys Entwicklung zu sprechen, als ich sie fragte: »Wenn wir ein weiteres Kind aufnehmen möchten, wie wäre denn da das Verfahren? Müssten wir uns noch einmal neu bewerben?«

»Es freut mich, dass sie sich generell für ein zweites Pflegekind bereit fühlen, doch haben wir die Vorschrift, dass ein Pflegekind mindestens zwei Jahre in der Pflegefamilie leben soll, bis ein weiteres hinzukommt. Außerdem ist Tommy in meinen Augen noch nicht so weit«, entgegnete Frau Müller schnell.

Auch wenn sie immer höflich war, wirkte ihre eilige Antwort harsch auf mich. Wir fühlten uns so sicher, so verbunden mit Tommy und waren bereit für ein zweites Kind. Dass eine Jugendamtsmitarbeiterin, die unseren Alltag kaum kannte und

Tommy nur einmal im halben Jahr sah, uns ein weiteres Kind verwehren konnte, war für mich schwer zu akzeptieren.

Als wir uns nach Ende der vorgeschriebenen zwei Jahre erneut mit Frau Müller über ein zweites Kind unterhielten, waren wir uns sicher, dass Tommy durch, mit und an einem Geschwister wachsen und enorm lernen würde. Doch waren wir uns nicht sicher, wie er auf ein weiteres Kind reagieren würde und wie sich unser Familienleben verändern würde. Das wissen auch leibliche Eltern vorher nicht, auch leibliche Geschwister können große Rivalitäten entwickeln.

Frau Müller machte es uns nicht leichter, als sie fragte: »Und Sie sind sich immer noch sicher, dass Sie ein zweites Kind aufnehmen möchten?«

Ich erwiderte, darum bemüht, höflich zu bleiben: »Das haben wir doch schon besprochen und beantwortet. Ich verstehe nicht, wieso Sie das erneut fragen?«

»Wir handhaben das immer so, schließlich ändern sich Lebensumstände und Sie könnten sich ja auch zu jeder Zeit umentscheiden. Das letzte Mal konkret über ein weiteres Kind haben wir vor über einem Jahr gesprochen«, antwortete Frau Müller souverän.

»Ja, wir sind uns sicher«, bestärkte René unseren Entschluss.

Doch waren wir uns wirklich sicher? Sollte sie noch viele weitere Fragen stellen, wären wir bald nicht mehr überzeugt von unserem Plan, denn irgendwie hatten diese Wiederholungen den gleichen Effekt wie bei dieser bekannten Quizshow, bei der der Moderator mit seinen Fragen die Kandidaten versucht zu verunsichern.

Bestärkt in unserem Wunsch hat uns am Ende Tommys damalige Logopädin, die wir vor allem ihrer fachlichen Kompetenz wegen sehr schätzten. Mit allen beteiligten Therapeutinnen und Erzieherinnen hatten wir regelmäßig einen sogenannten »runden Tisch«, an dem sich alle besprachen und Tommys Therapien verglichen, um sich gegenseitig zu unterstützen und optimale Therapieerfolge zu erzielen.

An einem dieser Termine stellte René die Frage nach einem Geschwisterkind für Tommy in den Raum. Wir saßen unter dem Dach der Frühförderstelle, ein freundlicher Raum mit hellen Holzdecken, viel Licht und Kinderspielsachen in allen Ecken.

»Da Sie alle Tommy gut kennen, möchte ich Sie gerne um Ihre persönliche Einschätzung bitten, völlig losgelöst von Ihrer therapeutischen Arbeit. Glauben Sie, es täte Tommy gut, wenn er ein Geschwister bekäme?«, fragte René.

Es war Frau Sonnenthal, die Logopädin, die sagte: »Ich persönlich glaube, dass Tommy vor allem später eine Schwester oder ein Bruder guttäte. Wenn seine Papas mal vergesslich und vielleicht auch nicht immer einfache Opas sind oder einer von beiden oder auch beide nicht mehr da sind, hätte Tommy eine Schwester oder einen Bruder an seiner Seite.«

Wie schön, wenn Tommy sich mit einem Geschwister zurückerinnern kann, wenn er die Last der Beerdigung und den Kummer gemeinsam tragen kann und uns gemeinsam mit einem Bruder oder einer Schwester in seinem Herzen lebendig hält.

Natürlich ist ein Geschwister keine Garantie dafür, dass diese im Erwachsenenalter auch Kontakt halten, doch die Möglichkeit, dass es so sein könnte, bewegte mich ungemein. Nie habe ich mir über meine Endlichkeit Gedanken gemacht, bis zu diesem Gespräch. Doch in diesem Moment, mit dem Gedanken, was aus Tommy wird, wenn wir mal nicht mehr sind, sah ich ihn durch uns mit einem anderen Menschen eng verbunden.

René bemerkte scheinbar meine Rührung, denn er rückte mit seinem Stuhl näher zu mir und drückte meine Hand ganz fest.

Als wir aus diesem Gespräch rausgingen, fühlten wir uns einmal mehr in unserem Entschluss bestätigt. »Schatz, du weißt, ich würde mit dir bis ans Ende der Welt gehen. Ich bin mit dir und Tommy glücklich, und ich werde es auch mit einem zweiten Kind sein. Du bist es, der am Ende viel Zeit und auch mehrere Tage am Stück mit den Kindern allein sein wird. Du musst dir dieser Doppelbelastung bewusst sein. Ich mache mir da bei dir keine Sorgen und traue dir das auch zu. Deswegen möchte ich dir die Entscheidung überlassen, ob wir ein weiteres Kind bei uns aufnehmen oder nicht«, sagte René und bestärkte mich in meinem Entschluss, sodass ich mir wirklich sicher war.

Da wir geprüfte und anerkannte Pflegeeltern waren, brauchten wir nur noch die Zustimmung von Frau Müller. Heute wissen wir, dass wir uns deutschlandweit bei allen Jugendämtern hätten bewerben können. Damals wussten wir das nicht und fragten nur bei dem Jugendamt, das uns überprüft hatte. Es dauerte insgesamt über sechs Monate, bis uns ein kleiner Junge vorgeschlagen wurde.

Endlich, nach all der Fragerei, nach all der Unsicherheit und all dem Ärger, die Möglichkeit, ein weiteres Kind kennenzulernen. Das Telefon klingelte, und Frau Müllers Nummer wurde mir im Display angezeigt, was erst einmal nicht weiter ungewöhnlich war.

»Herr Silvergieter, ist denn Ihr Mann auch da?«, fragte Frau Müller mit einem freudigen Unterton. Ihre Stimme war etwas höher als sonst und irgendwie war ich plötzlich aufgeregt.

»Nein, er kommt erst morgen zurück«, antwortete ich.

»Können Sie gleich übermorgen zu mir ins Büro kommen?«, fragte sie. Mehr sagte sie nicht, und ich konnte es kaum abwarten, René zu erreichen.

»Ein kleiner zweieinhalbjähriger Junge, lebt schon seit zehn Monaten in einer Bereitschaftspflegefamilie, weil das Amt keine Eltern für den Jungen finden konnte«, beschrieb ich René die Situation am Telefon.

Als wir zwei Tage später in Frau Müllers Büro kamen, sagte ihre Kollegin Frau Schmitt-Pfaff zu uns: »David würde sehr gut zu Ihnen passen.«

Sie hatte einen Pagenschnitt mit einem Pony, der über ihren Augenbrauen endete, und trug einen Wollpullover. Sie arbeitete in der Bereitschaftspflegestelle, die für David zuständig war. Frau Schmitt-Pfaff kannte David vom Tag der Inobhutnahme und war bei den ersten Gesprächen mit uns dabei, damit sie uns alles über David und seine Familie erzählen konnte.

Frau Müller rollte mit den Augen und sagte: »Das war so nicht abgesprochen, dass der Name heute schon genannt wird.«

»Oh, Entschuldigung«, sagte Frau Schmitt-Pfaff kleinlaut.

»Ein Name löst sofort einen emotionalen Bezug aus, und die Pflegeeltern sollen anfangs so unvoreingenommen wie möglich sein«, erklärte Frau Müller.

Nach einem kurzen Blickwechsel fuhr Frau Schmitt-Pfaff fort: »Wenn Sie einverstanden sind, stünde die Mutter für ein erstes Treffen mit Ihnen bereit. Sie hat einen polnisch-katholischen Hintergrund, findet die Idee von zwei Papas aber wunderbar. Auch hier konnten wir mit dem Argument punkten, dass es keine andere Mama als Konkurrenz gibt.«

Ich hatte sofort ein komisches Gefühl, denn die katholische Kirche und Schwule passen meiner Erfahrung nach nicht unbedingt zusammen. »Was ist mit dem Rest der Familie?«, fragte ich Frau Schmitt-Pfaff.

»Der Vater hat kein Sorgerecht und wird somit nicht in den Prozess mit eingebunden«, versicherte uns Frau Müller.

Ich hatte ein noch komischeres Gefühl, da der leibliche Vater mit Davids Mutter zusammenlebte. Ich äußerte meine Bedenken, dass er ein Recht hatte zu erfahren, was mit seinem Sohn passierte. Immerhin würde auch er später ein Recht auf Besuchskontakte haben. Mir wurde aber erneut versichert, der Vater habe hier keinen Einfluss und auch kein Mitspracherecht.

Eine Woche später trafen wir Davids Mutter. »Hallo, ich bin Maria«, sagte sie mit einem leichten Akzent und war mir sofort sympathisch. Sie hatte rote Augen, als sie ins Zimmer kam, und sie schien sich in der Situation sehr unwohl zu fühlen. Auch ihr schickes Kostüm und ihr Make-up konnten das nicht verstecken. Ich konnte es ihr nicht verdenken, auch mir fehlte in diesen Amtsräumen der nötige Charme, um mich wohl zu fühlen.

Wir hatten aus den wenigen Begegnungen mit Tommys Mutter gelernt, und ich versuchte gleich zu Beginn, die Stimmung aufzulockern und ihr die Angst vor uns zu nehmen: »Wir sind hier nicht die Guten, die alles richtig machen, und verurteilen dich in keiner Weise. Du bist und bleibst Davids Mutter, und das möchten wir auch nicht ändern. Wir reden mit Tommy zu Hause über seine Mutter, und das würden wir bei David auch machen. Wir möchten, dass du weißt, dass er immer dein Sohn bleibt.«

Ich versicherte ihr, dass ich ihr die Mutterrolle niemals streitig machen könnte und möchte – und spürte dabei plötzlich eine innere Gewissheit. Ich meinte all das, was ich sagte, wirklich auch genau so. Auch wenn mir bewusst war, dass Tommy mir gegenüber Mama-Gefühle empfand, war die Eifersucht, die ich anfangs noch bei seiner Mutter empfunden hatte, wirklich nicht mehr vorhanden. Als ich dort Davids Mutter gegenübersaß, wünschte ich mir, dass unsere Kinder und auch wir einmal eine gute Beziehung zu ihren Müttern haben würden. Ich träumte vom Sommer und sah uns mit Maria und Larissa in unserem Garten unter dem dichten Laubdach unseres Kirschbaums sitzen, Kaffee trinken und Kuchen mampfen. Wir erzählten von Tommy und versuchten ihr ein Bild von unserem Zuhause zu malen. Genug Umrisse und Striche, um ihr ein gutes Gefühl für das mögliche Zuhause ihres Sohnes zu zeichnen, und doch mit nicht zu viel Details, damit sie sich nicht unterlegen fühlte.

»Ich mag die beiden Jungs«, sagte Davids Mutter mit ihrem mir so sympathischen Akzent und verließ nach dem Gespräch hastig den Raum.

Ich war, so seltsam sich das gleichzeigt anfühlte, mächtig stolz auf Maria, dass sie es so lange durchgehalten hatte. Auch nach der obligatorischen Nacht zum Überdenken der Ereignisse stimmten Maria und auch wir dem weiteren Kennenlernprozess zu. Auch wenn wir diese Nacht eigentlich nicht brauchten.

»Was grinsen Sie beide so?«, fragte Frau Müller und schaute uns wissend an.

»So, wie ich meinen Mann heute erlebt habe und ja auch kenne, brauchen wir diese Nacht nicht mehr«, sagte René, streichelte meine Wange und schaute mich liebevoll an.

Und so stand als Nächstes ein erstes Treffen mit David an. Jetzt schien es für Frau Müller der richtige Zeitpunkt zu sein, um uns ein Bild von David zu zeigen. Mit seinen braunen Haaren, den rehbraunen Augen und dem sanften, zurückhaltenden Lächeln hatte er es uns sofort angetan. Auf einem zweiten Bild sahen wir ein verschmitztes Lächeln, das andeutete, welch Ideenreichtum in ihm steckte.

»Ich glaube zwar nicht, dass es für Sie ein Problem darstellt,« fing Frau Müller an, »dennoch möchte ich Sie darauf hinweisen, dass David im Gesicht ein leichtes Feuermahl trägt.«

So wie René an Arm und Brust, und ich hatte sofort ein vorsichtiges Gefühl, dass David vielleicht genau auf uns gewartet hatte. Ich glaube daran, dass Kinder sich ihre Eltern aussuchen, auch wenn sie manchmal länger auf dieser Suche sind. Er sah so hinreißend aus auf dem Foto, und René und ich schauten uns an, und ich wusste, er fühlte wie ich: Wir waren also schwanger. Doch auf das anfängliche Hoch folgte bald die Erinnerung an den leiblichen Vater.

»Gibt es denn schon etwas Neues von Davids Vater? Ich habe da ein ungutes Gefühl und wünsche mir, dass auch er uns kennenlernt. Ich habe Angst, dass uns das hinterher um die Ohren fliegt. Ein katholisch konservativer Mann könnte seine Schwierigkeiten mit schwulen Männern haben. Das Mindeste wäre es doch, uns allen vorher die Chance zu geben, diese Sorge auszuräumen.«

Ich war ganz klar mit meinen Bedenken und äußerte diese immer und immer wieder. Denn die Euphorie des Fotos hatte dem elterlichen Instinkt Platz gemacht und ließ mich wieder unsere gesamte Familie sehen. Für mich, aber auch für René, wäre es unheimlich schwer, immer wieder Besuchskontakte mit einem Mann zu erleben, der offensichtliche Probleme mit uns hätte. David hätte das sicher gespürt, was eine ohnehin angespannte Atmosphäre noch schwerer machen könnte.

»Herr Silvergieter, der leibliche Vater hat, soweit wir das aus den Akten nachvollziehen können, nicht einmal die Vaterschaft anerkannt und hat auch kein Sorgerecht. Rechtlich brauchen Sie sich also keine Sorgen zu machen. Er hat bei der Entscheidung kein Mitspracherecht«, versuchte Frau Müller mich zu besänftigen.

Doch lebte er mit der leiblichen Mutter in einer Wohnung und sie planten, bald zu heiraten. Ich fühlte mich nicht wohl dabei, den Vater so zu übergehen. Mir wurde erneut versichert, die Mutter entscheide allein und habe dem Amt gegenüber betont, wie froh sie sei, uns als Eltern für ihren Sohn zu sehen. Trotz meiner weiter bestehenden Bedenken folgte ich meinem hoffnungslos verliebten Herzen und stimmte einem Treffen mit David zu.

Eine Woche später, Montagmorgen. Ich rannte David aus dem Spielzimmer im Jugendamt in den Flur hinterher. Viel zu langsam tippelte ich ihm hinterher und er entwischte mir immer wieder, was mir ein seliges Lachen Davids bescherte. Eine Seltenheit, wie die Bereitschaftspflegemutter betonte, bei der David ja schon mehrere Monate wohnte. Sie selbst machte diesen Job schon seit über zwanzig Jahren und fühlte sich zu alt, um David bei sich als Dauerpflegekind aufzunehmen.

Er rannte zurück in den Raum, in dem seine Bereitschaftspflegemutter und René saßen. David sprang René in die Arme, obwohl wir ihn doch erst vor einer halben Stunde getroffen hatten. Ich stürzte mich dazu und David quiekte und lachte so laut, dass Frau Müller, die sich zurückgezogen hatte, die Tür aufriss und fragte, ob sich David wehgetan habe. »Ich bin ganz erstaunt über dieses Geräusch. In all der Zeit, die ich David betreue, habe ich so ein Lachen noch nie von David gehört.«

Nach etwas über einer Stunde beendeten wir den Termin mit den Worten: »Mach's gut, David. Wir freuen uns schon, dich ganz bald wiederzusehen.«

Am nächsten Tag sagte Frau Müller am Telefon: »David scheint Sie sofort in sein Herz geschlossen zu haben. Ich habe selten ein so inniges erstes Treffen erlebt. Auch Frau Werner hat gestern am Telefon noch einmal betont, wie außergewöhnlich ihre erste Begegnung war. Selten in ihren zwanzig Jahren Berufserfahrung habe sie ein so intensives Miteinander zwischen Pflegekind und Pflegeeltern bei einem ersten Treffen beobachtet.«

Ihre Worte ließen mein Herz höherschlagen, und ich konnte nicht anders, als breit zu grinsen: »Wir sind total vernarrt in David, und ich habe das Gefühl, dass er und Tommy sich bestens verstehen werden.«

Dieses erste Treffen ist vielleicht so, wie die ersten Tritte eines Babys im Bauch zu spüren. Ich habe diese Tritte natürlich nie erlebt, doch war auch dieses Treffen das erste Mal, dass wir von unserem zweiten Sohn etwas erlebt hatten. Das war unheimlich magisch. Alles schien perfekt, wir besprachen mit dem Amt den weiteren Fahrplan und dass wir Tommy schon in vier Tagen David vorstellen könnten.

Dabei sagte Frau Schmitt-Pfaff: »Es kann sein, dass David schon sehr bald bei Ihnen einzieht, wenn alles gut läuft, da er aus der Kurzzeitpflegefamilie rausmuss. Frau Werner, die Bereitschaftspflegemutter, ist gerade Oma geworden und wollte ohnehin die Arbeit der Bereitschaftspflege längst beendet haben. Sie hatte David nur aufgenommen, weil wir zu wenig Pflegeeltern haben.«

Wir erzählten Tommy vorsichtig von David. Er war gerade draußen im Garten am Schuppen und malte mit Kreide auf die Holztür, als wir mit ihm reden wollten.

»Schatz, leg mal bitte die Kreide beiseite, wir möchten gerne mit dir reden«, sagte ich sanft und ging in die Hocke. »Wir haben doch schon öfters über einen Bruder oder eine Schwester geredet, erinnerst du dich?«, versuchte ich vorsichtig einzusteigen.

Er nickte zaghaft und schaute mich mit seinen blauen Augen an.

»Wir haben einen zweieinhalb Jahre alten Jungen kennengelernt. Er heißt David und braucht eine neue Familie«, fuhr René fort.

Tommy fing sofort laut an zu weinen: »Muss ich jetzt wieder weg, damit hier Platz für jemand anderes ist?«

Ich war fassungslos. Wie kam er denn auf diese Idee? Er war doch unser Liebling, unser Schluuri, unser Ein und Alles. »Nein, mein Engel, wie kommst du denn darauf?! Du wirst immer hierbleiben. Du bist unser Sohn und daran wird ein Bruder nichts ändern«, sagte ich und drückte ihn ganz fest.

Als er sich gefangen hatte, freute er sich plötzlich: »Wir haben hier doch genug Platz für ein weiteres Kind. Weißt du das denn nicht, Papi? Ich freue mich.« Und im nächsten Moment war er am Boden zerstört, weil auch David nicht bei seiner Mutter leben konnte. »Oh, ich bin so wütend. Wieso kann sich seine Mama nicht um ihn kümmern? Das ist so gemein«, brüllte er plötzlich wieder los.

Trotz oder vielleicht gerade wegen der starken Gefühlsausbrüche bei Tommy fühlten wir uns in der Idee eines weiteren Pflegekindes bestätigt. Die Auseinandersetzung mit seiner Vergangenheit anhand eines ähnliches Schicksals könnte Tommy helfen, so hoffte ich.

Das Jugendamt gab uns übers Wochenende Zeit, um über David nachzudenken, ob wir den Weg mit ihm gehen wollten. Auch wenn für uns längst alles entschieden war, regte sich wieder mein Schutzinstinkt: Was war mit Davids Vater? Auf mein erneutes Drängen schlug das Amt vor, die Mutter noch einmal einzuladen und ein Papier unterschreiben zu lassen, das ihre alleinige Entscheidung zu unseren Gunsten bestätigte, egal wie ihr Freund und Vater Davids hinterher dazu stünde.

Das war an einem Donnerstag.

René war Hals über Kopf in David vernarrt, sah das Thema mit dem Vater nicht so eng und vertraute mir als »Mama« der Familie, auf meinen Bauch zu hören.

Nach dem Wochenende rief ich ganz freudig im Amt an und erreichte niemanden. Dabei war das doch ausgemacht. Am Dienstag saßen René und ich im Wohnzimmer, als das Telefon klingelte. Ich rannte nach oben und hob ab. Ich war so aufgeregt, dass ich einfach losredete: »Hallo Frau Müller, wir können uns an den angedachten Fahrplan halten, denn wir möchten David bei uns zu Hause aufnehmen.«

Donnerstag hätte Tommy David schon kennenlernen sollen und eventuell hätte David dann sogar eine Woche später schon einziehen können. Wir hatten unsere Familien angerufen und in Bereitschaft gesetzt, uns gegebenenfalls in einer Mammutaktion zu unterstützen und das ehemalige Gästezimmer in ein Kinderzimmer für einen zweijährigen Jungen zu verwandeln. Alles könnte jetzt sehr schnell gehen. Wir müssten jetzt das Gästezimmer ausräumen, Kindermöbel besorgen, einen Hochstuhl, und, herrje!, was braucht denn so ein kleiner Zweijähriger überhaupt?! Tommy war fast eineinhalb Jahre älter, als er zu uns gekommen war, und so hatten wir keine Kleidung, keine Spielsachen und auch sonst nichts für David zu Hause. Ich war so aufgeregt am Telefon und erwartete mit Tränen und breitem Grinsen die Antwort von Frau Müller.

»Ja … also, wie fange ich an? Wir hatten die Mutter noch einmal hier … Sie sagte, sie könne das Papier nicht unterschreiben, ohne mit ihrem Freund gesprochen zu haben … und … das tut mir jetzt auch wahnsinnig leid … der leibliche Vater möchte nicht, dass sein Sohn zu zwei Männern kommt … und, ja, jetzt ist eingetreten, was wir die ganze Zeit befürchtet haben … Die Mutter ist eingeknickt«, sagte Frau Müller.

»Wie? Was? Ich meine, was bedeutet das denn jetzt?«

Ich verstand überhaupt nicht, was Frau Müller versuchte mir zu sagen. Ich war in Gedanken schon Vater von zwei Söhnen.

Eine entsetzlich lange Pause später sprach Frau Müller sehr vorsichtig weiter: »Sie werden David nicht bei sich aufnehmen.«

Ich weiß nicht mehr, ob ich überhaupt noch etwas gesagt oder gleich aufgelegt habe.

Was *sie* befürchtet hatten? Was *ich* befürchtet hatte! Das Amt hatte doch die ganze Zeit alles runtergespielt. Hatte ich nicht all das von Anfang an befürchtet und ganz klar kommuniziert? Wieso wurde nicht bereits früher etwas unternommen? Wieso erst, nachdem wir den Jungen kennengelernt und Tommy davon erzählt hatten? Warum hatte niemand im Amt diese Notwendigkeit vorher erkannt?

René und mir zog es den Boden unter den Füßen weg. Wir hatten uns so in David verliebt und hatten Tommy und ihn schon gemeinsam zwischen den Johannisbeeren Streiche aushecken sehen. Vielleicht traf uns die Nachricht auch deswegen so stark, weil ich immer wieder meine Sorge geteilt hatte und diese so leichtfertig abgetan wurde. Vielleicht hatte ich diese Möglichkeit auch einfach verdrängt oder wirklich geglaubt, dass meine Bedenken klar genug waren und somit wirklich alles abgeklärt war. Immerhin ging es um ein Kind, um einen möglichen Bruder für unseren Sohn.

Ich weiß nicht, wie viele Tränen ich vergossen hatte und wie oft wir darüber sprachen, bis wir wirklich verstanden hatten, dass David nicht bei uns einzog. Tommy kam gut damit zurecht, wahrscheinlich war es auch zu abstrakt, von einem Kind zu hören, ohne ein Bild und ein Gesicht dazu zu haben.

Wir hatten mehr als ein Gesicht. Wir fühlten schon eine starke Verbindung mit diesem Lachen und dem Feuermal im Gesicht und diesem von Anfang an innigen Kontakt zu David. Wir empfanden bereits Liebe für diesen Jungen und nach nur diesem einen Treffen hatten wir das Gefühl, David passe so gut zu uns. Es war doch offensichtlich schon schwer genug, Eltern für den Kleinen zu finden. Wie lange sollte denn der arme

Schatz noch warten? – Denn genau das tat er. Gerade in seinem Alter braucht ein Kind besonders viel Aufmerksamkeit, Hilfe, Vorleben, Miterleben, Anleitung und Liebe. Das war nicht fair.

Wieso dürfen Eltern, die sich selbst nicht kümmern können, noch so viel Einfluss auf das Leben ihres Kindes haben?

Wo ist da das Kindeswohl?

Das alles waren unsere Gedanken, als wir traurig und verletzt versuchten, mit dieser Nachricht umzugehen. Was aus David geworden ist, wissen wir bis heute nicht. Das Datenschutzgesetz verbietet es, uns Informationen zu erteilen. Wir hoffen, es geht ihm gut, wo immer er jetzt auch sein mag.

Wir fühlten uns noch eine ganze Zeit verloren und leer. Diese Machtlosigkeit, dem gefühlt so ungerechten Gesetz ausgeliefert zu sein, war der Grund, der es mir so schwer machte, endlich abzuschließen. Aber wie schließe ich überhaupt mit einem Kind ab, von dessen Schicksal ich berührt wurde, von dem ich aber nie wieder erfahren werde?

Ich weiß noch, wie René, Wochen später, und ohne dass wir über David sprachen, anfing zu weinen. Erst wusste ich nicht, warum er weinte, doch dann schaute ich in seine schmerzvollen Augen, und ich wusste, dass René um David trauerte. Ich hatte völlig unterschätzt, wie sehr auch René David ins Herz geschlossen hatte. Vielleicht wollte er mir eine Stütze sein, weil ich so verletzt war, und verbarg deswegen seinen Schmerz vor mir. Und ich war zu beschäftigt mit meiner Wut und Trauer, dass ich nicht bemerkte, wie sehr auch René litt. Doch da standen wir im Türrahmen zwischen Arbeits- und Schlafzimmer und weinten.

12
Wir bekommen ein Mädchen!

Das Ende des Männerhaushalts

Kevin

Wir hatten David so in unser Herz geschlossen, dass wir es uns lange nicht vorstellen konnten, ein anderes Kind kennenzulernen. Ich hatte das Gefühl, das käme einem Ersatz für David gleich. Und ein Kind sollte niemals Ersatz für ein anderes sein. Wir brauchten lange Zeit, um unsere Trauer zu bewältigen und über David hinwegzukommen.

Irgendwann, im Mai 2018, war der Tag da, an dem ich zu René sagte: »Ich habe das Gefühl, dass mein Herz wieder bereit ist, ein Kind kennenzulernen.«

Auch René fühlte sich bereit, und wir waren uns immer noch einig, dass sowohl Tommy als auch uns ein Geschwisterkind guttäte. Wir fassten den Entschluss und machten uns auf die Suche nach einem Jugendamt. Zu viele Enttäuschungen waren immer noch mit dem Jugendamt und der gescheiterten Vermittlung von David verbunden. So wendeten wir uns dem Jugendamt in unserem Ort zu. Da nach zwei Jahren die Zuständigkeit des Jugendamtes dorthin wechselt, wo die Pflegefamilie wohnt, war dieses mittlerweile für Tommy zuständig. Doch dieses Mal würden wir nicht nur einem Jugendamt die Chance geben, einem Kind und uns zu ermöglichen, eine Familie zu werden. Was sich nicht nur als Vorteil herausstellen sollte.

Pflegeeltern sind gut vernetzt, wodurch ich Kontakt zu anderen Pflegeeltern hatte. Daher wusste ich mittlerweile, dass wir nicht an ein Jugendamt gebunden sind. Es geht nicht darum, bei einem Jugendamt *geparkt* zu werden, bis dieses seine registrierten Pflegeeltern braucht. Es geht darum, jetzt einem Kind, das Not hat, Eltern zu schenken. Und es geht auch um uns Pflegeeltern, die sich jetzt für ein Kind bereit fühlen. Wer weiß, ob sich in ein paar Jahren unsere Gefühle und unsere Bereitschaft nicht ändern und wir uns umentscheiden. Einem Kind wäre dann die Chance auf eine Familie entgangen. Und das nur, weil wir vergeblich bei einem Jugendamt auf ein Kind warten, derweil aktuell so viele Kinder vermittelt werden sollen.

Über meinen Blog im Internet schrieb ich mit einer Pflegemutter, die uns ermutigte, uns anderswo zu bewerben. Ich weiß noch, wie René sagte: »Eigentlich schade, dass wir uns jetzt wieder auf neue Sachbearbeiterinnen einlassen müssen.« Auf meinen fragenden Blick antwortete er: »She's the devil you know. Wenigstens wussten wir, woran wir bei Frau Müller waren.«

Eine Nachricht einer anderen Pflegemutter, die ich übers Internet kennengelernt hatte, ließ mich mit einem Jugendamt in einem anderen Bundesland telefonieren.

Ein drei Monate alter Junge, das neunte Kind einer Mutter, sollte aus dem Krankenhaus vermittelt werden. Alle anderen acht Kinder waren schon bei verschiedenen Pflegeeltern untergebracht. Er hatte schon ein paar Operationen hinter sich und lebte seit seiner Geburt im Krankenhaus. Da das Jugendamt zum damaligen Zeitpunkt keine Bewerber in unmittelbarer Nähe hatte, kamen wir überhaupt erst infrage. Dann wurde die Suche in dem Bundesland erweitert, und es wurden doch Eltern gefunden.

Eine weitere Nachricht führte uns in eine benachbarte Stadt. Nach einer kurzen Bewerbungsmail wurden wir nur eine Woche später in das Jugendamt zum persönlichen Gespräch eingeladen.

Frau Walter begrüßte uns mit ihrer rauchigen Stimme und bat uns, lebhaft und energiereich, noch einen Moment Platz zu nehmen. Sie war kleiner, als ich erwartet hatte, und sehr viel schicker gekleidet.

»So, jetzt aber, die Herren Silvergieter«, erklang ihre Stimme aus der geöffneten Tür. Sie trat heraus und lächelte freundlich. Graue Haare, Brille, schickes schwarzes Kleid und diese lebendige Art. Ich war sofort fasziniert und gleichzeitig ein wenig eingeschüchtert. Frau Walter forderte uns auf, in ihrem Zimmer Platz zu nehmen. Neben der Tür befand sich eine Sitzgruppe. Vier bequeme Stühle an einem niedrigen Tisch. Eine Karaffe mit Wasser und Gläser standen schon auf einem kleinen Deckchen bereit. Pflanzen ließen den Raum freundlich wirken, und der mit sich stapelnden Akten überfüllte Schreibtisch erinnerte mich an den Arbeitsplatz einer zerstreuten Professorin von Hogwarts.

Da wir schon anerkannte Pflegeeltern waren, wollte sie sich in diesem Gespräch ein Bild von uns machen. Pflegeeltern, die einmal überprüft und anerkannt sind, brauchen keine neue Bewerbungsphase zu durchlaufen. Dennoch glaube ich, dass sich ein Jugendamt ein Bild der anerkannten Pflegeeltern machen möchte, um ein passendes Kind vermitteln zu können. Wir erzählten ihr gleich zu Beginn von der missglückten Vermittlung Davids, die uns vorsichtig werden ließ und uns vor allem verunsichert hatte. Behutsam und mit viel Achtsamkeit versuchte sie uns unsere Sorgen zu nehmen. Sie würde vorher genauestens abklären, ob eine leibliche Familie mit einem Männerpaar zurechtkäme. Vor allem nach einem erfolgreichen Kennenlernen zwischen Kind und Pflegeeltern ließe sie kein Umentscheiden der leiblichen Eltern mehr zu. Sie war ganz klar in ihrer Haltung, dass die leibliche Familie immer wichtig sei und sie alles auf Besuchskontakte setze, doch über allem stünde für sie das Wohl des Kindes. Frau Walter war schon so viele Jahre in ihrer Position, hatte wertvolle Erfahrung mit Herkunftsfamilien, und ich glaubte ihr, dass sie leibliche Eltern von uns überzeugen konnte.

Ich mochte Frau Walter sofort. Wir sprachen über Tommy, seine Eigenschaften, seine besonderen Bedürfnisse und seine Vorgeschichte.

Als es dann um die Klärung der Eigenschaften und Fakten eines Geschwisterkindes ging, sagte Frau Walter: »Also wir haben hier eine Jahresregel von fünfundvierzig Jahren. Das heißt, zwischen Kind und Pflegeeltern darf der Altersunterschied nicht mehr als fünfundvierzig Jahre betragen, um einen möglichst biologischen und natürlichen Altersunterschied zu bewahren. Bei Ihnen käme also ein Kind ab zwei Jahren infrage.«

Sicherlich lässt sich diskutieren, wie zeitgemäß das noch ist. Fakt ist, Pflegekinder haben schon so viel erlebt und durchgemacht, dass es wichtig ist, ihnen eine so sichere Zukunft wie irgend möglich zu bieten.

Auch wenn ich mich wahnsinnig über das schöne Gespräch freute, so spürte ich doch Wehmut in mir. Ich hatte mich immer mit einem Kinderwagen oder einem Baby in einer Trage gesehen und gehofft, wir würden doch noch ein kleines Baby aufwachsen sehen. Ich sah mich immer mit Babywagen, Wickelrucksack und vollbepackt mit allem, was ein Baby so braucht, durch die Stadt laufen. Doch wie so oft im Leben sollte es anders kommen, als wir in diesem Moment dachten. Eine Woche später rief Frau Walter an. Eine Woche!

Die rauchige Stimme von Frau Walter war am anderen Ende der Leitung: »Herr Silvergieter, wir haben ein sieben Monate altes Mädchen zu vermitteln. Die Mutter ist sehr jung und alleinstehend. Ich habe mit ihr gesprochen, und sie kann sich zwei Papas für ihr Kind gut vorstellen. Gerade jungen Müttern können wir zwei Männer gut nahebringen, da es bei ihnen keine Konkurrenz, also keine andere Mutterfigur gibt.«

»Sie sagten doch, dass wir ein mindestens zwei Jahre altes Kind bekämen, der Fünfundvierzig-Jahresregel wegen«, meinte ich.

»Herr Silvergieter, manchmal passt es einfach. Das Mädchen braucht dringend Eltern, und ich finde, sie würde ganz gut zu

Ihnen passen. Können Sie nächste Woche aufs Amt kommen, um die Mutter kennenzulernen?«

Als ich aufgelegt hatte und René von Frau Walters Anruf erzählte, fühlte sich das so surreal an. In der vergangenen Woche hatten wir uns mit dem Gedanken befasst, ein zweijähriges Kind aufzunehmen. Plötzlich hatten wir die Möglichkeit, tatsächlich ein Baby zu bekommen. Die Mutter hatte schon zugestimmt, und es gab keinen Vater, der sich zwischen uns stellen konnte.

René fand, dass ein zweijähriges Kind gut für Tommy wäre, damit er jemanden zum Spielen hätte. Ich hatte die Hoffnung, dass Tommy bei einem Baby noch einmal das Krabbeln, das Greifen nach dem Mobile oder die haptische Erfahrung von Kleinkinderspielsachen mit- und nacherleben konnte. Wir hatten vorher überhaupt nicht darüber nachgedacht, Tommy diese Möglichkeiten zu bieten.

Zeitgleich meldete sich auch das für Tommy zuständige Jugendamt, denn auch hier gab es plötzlich einen drei Monate alten Jungen. Beiden Jugendämtern hatte ich mitgeteilt, dass wir im jeweiligen anderen Jugendamt als aufnahmebereite Pflegeeltern gemeldet waren. Wir hatten schon so oft vorher mit dem hiesigen Jugendamt über ein zweites Kind gesprochen, immer wieder die gleichen Zweifel zum Zeitpunkt und Tommys Bereitschaft erhalten, und jetzt hatten sie doch ein Kind. Mir ist bewusst, dass ein Kind sehr plötzlich in Obhut genommen wird, dennoch, in Anbetracht der vorherigen anhaltenden Bedenken wirkte die plötzliche Kindermeldung seltsam auf mich. Ich möchte keinem Jugendamt unterstellen, dass sie absichtlich bestimmten Pflegeeltern Kinder vorhalten. Dennoch hatte der

Umstand, dass dem Amt ein Geschwister für Tommy immer viel zu früh erschien und erst mit unserer Information, bei einem anderen Amt gemeldet zu sein, eine Kindermeldung kam, für mich einen gewissen Beigeschmack.

Zudem sagte unsere Sachbearbeiterin, dass wir doch hier gemeldet seien, sie fände es nicht in Ordnung, dass wir uns an ein anderes Jugendamt wendeten. Nirgendwo steht geschrieben, dass Pflegeeltern nur vom Jugendamt im selben Wohnort Kinder vermittelt bekommen dürfen.

Plötzlich wurden uns aus Versehen Namen und genauere Hintergründe zu den Eltern genannt. All das sind persönliche Informationen, die eigentlich erst nach einem Treffen mit den leiblichen Eltern genannt werden sollten.

Auf einmal hatte ich das Gefühl, mich mitten in einem Wetteifern um zwei Menschen und in einem Konkurrenzkampf zwischen zwei Jugendämtern zu befinden. Wer hat das passendere Kind, welche Hintergründe sind am erträglichsten und überhaupt, wer bekommt den Zuspruch?

Derweil wir uns die Option nicht offenlassen durften, erst einmal beide Mütter zu treffen, um nicht am Ende das »beste« Kind herauszupicken, konnten die Ämter uns ganz zufällig mit Informationen beeinflussen. Hätte ich keinem Amt vorher etwas von der Doppelbewerbung erzählt, hätten wir uns ganz in Ruhe auf beide Fälle einlassen und dann unser Herz entscheiden lassen können.

So mussten wir uns entscheiden, ohne dass wir die leiblichen Mütter getroffen hatten. Einfach weil wir nicht die Wahl haben sollten. Im Nachhinein glaube ich, das Vorgehen aus Amtssicht nachvollziehen zu können. Sie wollten wohl nicht, dass aus der

Doppelmeldung ein *Wunschkonzert* entsteht. Diese Wahl haben leibliche Eltern schließlich auch nicht.

Aus unserer Sicht sah das anders aus. Wir hatten schon Tommy und wollten für uns alle die beste Entscheidung treffen können. Zusätzlich hatte der späte Einfluss durch Davids Vater uns vorsichtiger werden lassen. Wir hätten uns die Chance auf ein Treffen mit beiden Eltern erhofft, um nicht noch einmal den leiblichen Eltern ausgeliefert zu sein. So war es eine unsägliche Zerreißprobe zwischen uns zwei völlig unbekannten Akten. In der Vergangenheit wurde uns eine Kindermeldung vorgelegt, wir bekamen mehr Informationen und sollten uns entscheiden. Jetzt, mit der Doppelmeldung, wurden uns keine Informationen genannt und wir mussten uns aufgrund des Alters und des Geschlechts entscheiden.

Wir entschieden aufgrund der Zeit und der sicheren Zusage der Mutter des Mädchens. Sie konnte sich vorstellen, ihr Kind zwei Vätern zu geben, und es gab keinen Vater, der sich gegen uns hätte stellen können. Wir mussten nur unser Einverständnis dem Jugendamt geben, und die Mutter war zu einem Treffen bereit.

Bei dem Jungen sah das anders aus, denn die Eltern wurden noch gar nicht gefragt, ob ein homosexuelles Paar infrage käme, da wir erst einmal unsere Zustimmung geben sollten. Trotzdem sollten wir uns entscheiden, obwohl die Eltern uns hätten ablehnen können. Hier gab es gleich zwei Ungewissheiten: Erstens war nicht klar, ob die Eltern überhaupt mit zwei Männern einverstanden wären, und zweitens die immer bestehende Ungewissheit, ob am Ende die Chemie zwischen den Erwachsenen stimmt. Diese Unsicherheit hatten wir bei der Mutter des Mädchens selbstverständlich auch. Da sie sich aber schon für ein Treffen mit uns bereit erklärt hatte, fühlte sich diese Möglichkeit sicherer an. So seltsam sich das auch in dem Moment anfühlte, anhand solch rationaler Fakten zu entscheiden, so war dies unsere einzige Möglichkeit. Zudem hatte uns das Jugendamt in unserem Ort aufgrund von Urlaubszeit auch keine Zeitangabe genannt.

Die Beziehung zwischen leiblichen Eltern und Pflegeeltern ist ein sehr wichtiger Punkt, der uns von Anfang an vermittelt wurde. Regelmäßige Treffen und gemeinsame Entscheidungen lassen sich leichter vereinbaren, wenn wir Erwachsenen einander sympathisch sind. Die weitreichende Bedeutung und Wichtigkeit dieser Beziehung wurde mir sehr viel später bewusst. Nämlich als regelmäßige Treffen außerhalb des Jugendamtes und ohne Mitarbeiter des Jugendamtes stattfanden.

Dann war es hilfreich, dass eine positive Grundchemie zwischen uns bestand. Sicherlich war dabei auch die Grundhaltung gegenüber der Herkunftsfamilie entscheidend.

Wir entschieden uns also für das Mädchen, und eine Woche später sollten wir die Mutter kennenlernen. Doch wie auch schon bei unserem Sohn schaffte es auch die Mutter des Mädchens nicht, zum ersten Treffen zu kommen. Anfangs fiel mir das Hineinversetzen in die leiblichen Mütter schwer, doch ich hatte in den letzten Jahren viel über Herkunftsfamilien gelernt. Es handelt sich oftmals um Menschen, die sich unbedingt um ihr Kind kümmern möchten und es trotzdem nicht schaffen. Durch ihre eigene Geschichte mögen sie Dinge wie Verantwortung und Fürsorge selbst nicht erfahren haben und können sie daher nicht für ein kleines Wesen aufbringen. Ich glaube, dass die Schuldgefühle deswegen nicht kleiner sind, und die Scham und die Wut auf sich selbst, und darauf, versagt zu haben, machen es bestimmt schwer, sich mit dem Geschehenen auseinanderzusetzen. Auf der anderen Seite mögen sie Wut empfinden und das Gefühl, dass ihnen ihr Kind zu Unrecht weggenommen wurde. Generell haben Eltern in dieser Situation die Möglichkeit, einen Antrag auf Hilfe zur Erziehung zu stellen.

Unterschreiben leibliche Eltern diesen Antrag, behalten sie in der Regel das Sorgerecht und somit ein entscheidendes Mitspracherecht im Leben des eigenen Kindes. Ein schwacher Trost, da doch das eigene Kind bei fremden Menschen aufwachsen wird. Menschen, die es sowieso besser haben, die viel mehr Geld und Möglichkeiten haben und bestimmt viel mehr Glück in ihrem Leben hatten.

Ich kann nicht annähernd nachvollziehen, was in leiblichen Eltern vorgeht, denen die Kinder weggenommen werden. Doch ich versuche mich zumindest in sie hineinzuversetzen und ihnen so den Respekt zu erweisen, der ihnen meiner Meinung nach zusteht. Das sind alles meine Gedanken, meine Vorstellung davon, wie sich Mütter fühlen könnten, die ihr Kind abgeben – und mit all diesen Emotionen sollen sie uns »Fremde«, die ihr Kind haben, »einfach so« treffen? Was für eine nahezu unüberwindbare Hemmschwelle. Für mich war es also nachvollziehbar, dass die leibliche Mutter des Mädchens es nicht geschafft hatte, an jenem Tag ins Amt zu kommen und sich ihrer Vergangenheit, die zu diesem Tag geführt hat, zu stellen.

Als Frau Walter die Tür öffnete und keine junge Frau in diesem Raum saß, wusste ich sofort, dass sie auch nicht mehr kommen würde. Frau Walter sagte: »Wie Sie sehen, ist die Mutter nicht da. Sie hat sich nicht gemeldet, und ich erreiche sie nicht. Das passiert tatsächlich immer wieder und ist auch erst mal kein Problem. Wir haben jetzt seit vier Tagen keinen Kontakt mehr zu der Mutter und auch bei Gericht ist sie nicht erschienen. Da das Sorgerecht bei ihr liegt, brauchen wir ihre Zustimmung. Die hat sie aber schon gegeben, und da sie nun nicht auffindbar ist, entscheide ich zum Wohl Annikas, dass Sie sie kennenlernen können. Wenn Sie das möchten?«

Da war er auf einmal, der Name: Annika. Wie schön. Ich hatte sofort ein Lächeln im Gesicht. Annika hörte und fühlte sich gut an.

Frau Walter erzählte uns in diesem Gespräch mehr über die Vorgeschichte und die Mutter. Und auch wenn Annika noch klein war, wurde uns durch das Erzählte bewusst, dass auch sie schon einiges an Gepäck mitbrachte. Auch wenn sich das, wenn überhaupt, erst in einem höheren Alter zeigen würde.

Dennoch wollten wir uns ein wenig Zeit nehmen, über das Gespräch nachzudenken.

Es war so schwer, sich zu entscheiden, da wir ja wussten, dass da noch der Junge war. Würden wir uns also gegen das Mädchen entscheiden, hätten wir dort noch eine Möglichkeit. Auch wenn wir bei null anfangen würden.

Ich lag mit meinem Handy auf dem Bett, als René aus Bangkok anrief. Nachdem ich den Videoanruf angenommen hatte, redeten wir ein letztes Mal über das Für und Wider. Bei Annika wussten wir, dass wir eine ziemlich hohe Chance hatten, da die Mutter untergetaucht war und sich somit selbst aus der Verantwortung gezogen hatte. Das Amt wiederum sah uns als die passenden Eltern und auch die Bereitschaftspflegemutter bestätigte mit ihrer Aussage, dass Annika ein richtiges Männermädchen sei und wir deshalb gute Chancen hätten.

Eine Woche später, am 5. August 2018, war ich sehr früh wach. Auch wenn wir, seit Tommy bei uns lebte, nur noch selten sonntags ausschliefen, lag es diesmal nicht an ihm. Ich lief den ganzen Morgen planlos durch das Haus, konnte mich beim Vorlesen weder auf das Buch noch auf Tommy konzentrieren und fühlte mich überhaupt zu nichts imstande. Meine Gedanken gehörten an diesem Tag nur diesem kleinen, mittlerweile acht Monate alten Mädchen. Wie würde es sein, ein kleines Baby kennenzulernen? Würde sie verstehen, was passiert und wer wir sind? Immerhin würde ich bestimmt eine große Erwartung ausstrahlen. Wie würde sich das auf Annika auswirken?

Ich war heilfroh, als Tommy von Oma abgeholt wurde, um einen Ausflug zu unternehmen. Wir hatten ihm nichts von unserem bevorstehenden Treffen mit Annika erzählt, da wir ihm die Enttäuschung ersparen wollten, sollten wir uns am Ende gegen Annika entscheiden. Auch wenn ich mir das nicht vorstellen konnte. Babys sind süß, wer würde bei einem Baby Nein sagen können?

Ich brach ständig in Tränen aus, völlig überfordert mit der Tatsache, dass wir später unsere mögliche Tochter zum ersten Mal sehen sollten. Nicht mal vier Wochen vorher hatten wir uns überhaupt beim Jugendamt gemeldet. Die Zeit an diesem Morgen wollte und wollte nicht vergehen. Endlich war es dann so weit, wir stiegen ins Auto und fuhren zur Bereitschaftspflege-familie, in der Annika zu dem Zeitpunkt lebte. Wir waren, weil wir es zu Hause nicht länger aushielten, viel zu früh und liefen ziemlich unruhig den angrenzenden Feldweg auf und ab. Als es dann fünf Minuten vor elf war, gingen wir los.

Wir liefen den Reihenhausweg entlang, blieben vor der Haustür stehen, schauten uns mit feuchten Augen an, und René drückte die Klingel. Ein unauffälliges Haus, einzig der Roller, das Fahrrad und der Kinderwagen verrieten uns, dass hier Kinder wohnten. Als Frau Wesel die Tür öffnete und Anni-ka auf dem Arm hielt, sahen wir sie zum ersten Mal. Anders als bei Tommy hatten wir vorher keine Fotos gesehen. Es war ein sommerlich warmer Sonntag und Annika hatte, bis auf einen Body, nichts an. René und ich standen wie angewurzelt vor der offenen Haustür und starrten dieses kleine zauberhafte Wesen an. Ich hatte Sorge, wir würden Annika mit unserem Starren er-schrecken, doch wenige Sekunden später strahlte sie uns beide an und Maike bat uns einzutreten.

Wir folgten ihr ins Wohnzimmer, in dem ein Laufstall für Annika stand. Daran hatte ich überhaupt nicht gedacht, dass wir auch einen Laufstall bräuchten. (Ein paar Tage später fan-den wir einen gebraucht im Internet und holten ihn noch am selben Tag ab. Zwar haben wir ihn nie benutzt, doch in dritter Generation steht er mittlerweile bei meiner besten Freundin für ihr drittes Kind.)

Annika schien sofort zu spüren, dass wir nicht irgendein Be-such waren, und ließ uns nicht eine Sekunde aus den Augen. Sie beobachtete uns mit ihren wachen Augen und ließ sich von René auf den Arm nehmen. Ganz behutsam nahm René Annika von Maike entgegen und lief mit ihr durch die Wohnung. Er sprach ganz sanft zu ihr: »Hallo Annika, da bist du ja endlich. Es ist schön, dich kennenzulernen. Ich heiße René.«

Er kam zu mir rüber und flüsterte in ihr Ohr: »Und das ist Kevin. Wir haben einen Sohn, Tommy, auch er würde dich gerne bald kennenlernen.« Mit seiner Stirn berührte er ganz zart die ihre, und ich spürte, dass sie zu uns gehörte.

Bei Tommy hatten wir eine ähnliche erste Begegnung zwischen René und ihm. Mit beiden Kindern hatte René den ersten intimeren Kontakt. Und beide Male stand ich daneben und spürte ein Finden und Ankommen in meinem Herzen.

Am nächsten Tag durften wir wiederkommen und jetzt konnte auch ich Annika auf den Arm nehmen. Ich setzte mich auf das Sofa, legte sie behutsam auf meine Brust und Maike gab mir die Flasche. Erst als sie ihr Erstaunen über diesen Vertrauensbeweis äußerte, begriff ich, wie nah mir Annika plötzlich war. Sie schaute mich mit ihren stahlblauen Augen an, schaute nicht einmal weg, als ihre Augenlider immer schwerer wurden und sich ganz langsam schlossen. Tief und fest schlief sie auf meiner Brust. Ich schaute sie an, saugte ihren Duft mit meiner Nase auf und fühlte ihre sanfte Haut. René setzt sich zu uns aufs Sofa, und ich sah in diesen hellen und warmen braunen Augen, in die ich mich so verliebt hatte, dass er genauso fühlte wie ich. Wir hatten unsere Tochter gefunden, jetzt brauchten wir nur noch etwas Geduld, bis sie so weit war, mit uns mitzukommen.

Wieder zu Hause entschieden wir, Tommy trotzdem erst zwei Tage später von Annika zu erzählen, denn ein Tag später sollte seine Einschulung sein, und da sollte es nur um ihn gehen. Bald genug schon würde er uns nicht mehr nur für sich haben. Daher hatten wir auch einen Tag Besuchspause eingelegt. Trotz der Einschulung waren wir gedanklich auch mit dem Kinderzimmer und der Umzugsplanung beschäftigt, denn das Jugendamt zeigte sich sehr zufrieden mit der Entwicklung, und auch Maike hatte uns schon gesagt, dass es in dem Alter wenig Sinn ergab, eine Anbahnung künstlich in die Länge zu ziehen. Meistens, so sagte sie, ginge es dabei eher um die Bereitschaftspflegeeltern, die sich schwer täten mit dem Abschied. Ihr würde es später auch sehr schwerfallen, umso größer ist mein Respekt für sie, sich für einen schnelleren Umzug für Annika entschieden zu haben.

Ein Tag nach Tommys Einschulung erzählten wir ihm, dass er Bruder eines Babymädchens werden würde, und nahmen ihn gleich mit zum Besuchskontakt. Er freute sich wahnsinnig und wollte Annika gleich die Flasche halten. Und auch Annika schaute Tommy mit großen Augen an und schien ihn gleich ins Herz geschlossen zu haben, zumindest folgten ihre Augen nur noch ihm.

Mit zwei Dauerpflegekindern und zwei Bereitschaftspflegekindern war bei Familie Wesel immer viel los, was ein ruhiges und intimes Kennenlernen etwas erschwerte. Maike machte das großartig, und ich fühlte mich zu keinem Moment nicht willkommen, dennoch wollte ich Annika am liebsten sofort mit zu uns nach Hause nehmen und sie in Ruhe ganz für uns haben. Am Abend waren wir so erschöpft, dass ich, sobald mein Kopf das Kissen berührte, einschlief.

Die Einschulung, zu der Tommys Mutter gekommen war, war sehr emotional und herausfordernd und diese ganze Anbahnung, so schön sie auch war, zehrte sehr an unseren Kräften.

Doch gerade Tommys freudige Gelassenheit gaben mir die Kraft, die nächsten neun Tage durchzuhalten. Dann sollte Annika einziehen. Also brachte Renés Schwester das alte Gitterbett vorbei, in dem schon unser heute erwachsener Neffe und seine Schwester geschlafen haben.

Wir räumten das Gästezimmer eher zweckmäßig um, da Annika gerade am Anfang ihr Zimmer nur zum Schlafen brauchte und uns schlicht die Zeit fehlte. Wir kauften nur eine neue Matratze, Windeln und Hygieneartikel. Kleider, Spielsachen und Bücher hatten wir von Freunden, Nachbarn und Verwandten bekommen. Acht Kisten stehen in unserem Keller mit Kleidern gefüllt, passend bis zum Alter von vier Jahren. Wir nutzten das Wochenende, an dem Familie Wesel keine Zeit hatte, um das Zimmer vorzubereiten, den Laufstall aufzubauen und uns auf den wenige Tage später bevorstehenden Einzug Annikas einzustellen, als Frau Walter unerwartet anrief: »Die Mutter von Annika hat sich wieder gemeldet und möchte ihre Tochter gerne sehen. Ich sehe das völlig unproblematisch, da Annika regelmäßig Kontakt zu ihrer Mutter hat und das gewohnt ist.«

Anfangs hatte ich die Sorge, dass ein Treffen mit der Mutter noch einmal alles in Länge ziehen oder sogar ganz zum Scheitern bringen könnte. Doch das, hatte Frau Walter uns zugesagt, würde nicht passieren. Annika hatte sich schon so an uns gewöhnt, und genau das würde sie Annikas Mutter sagen: Wir sind Annikas Pflegeeltern. Sie hat sich, so hart das klingt, selbst aus der Verantwortung gezogen, als sie sich nicht mehr gemeldet hat. Trotzdem wollte Annikas Mutter uns gerne treffen, bevor Annika zu uns zieht.

Doch vorher sollte ich am 13. August Annika allein bei Familie Wesel besuchen, da René arbeitete. Sobald die Tür aufging, strahle mich Annika an und streckte mir ihre Arme entgegen. Wir kuschelten und spielten mit den Fingern und den Füßen, wieder trank sie eine Flasche auf meiner Brust und schlief dort anschließend eine halbe Stunde. Vielleicht hätte sie auch länger geschlafen, hätte ich nicht nach Hause fahren müssen, um Tommy von der Schule abzuholen.

Durch das angesetzte Treffen mit Annikas Mutter würde der Umzug eventuell verschoben werden. Je nachdem, wie stabil die Mutter sei, könne sich ihre Stimmung auf Annika übertragen. Dann, so Maike, wolle sie uns kein aufgewühltes Baby übergeben, sondern lieber noch einen Tag warten, bis Annika sich wieder beruhigt hatte.

Am 15. August 2018 traf Annika am Morgen ihre Mutter und wir diese direkt im Anschluss. Maike sollte Annika noch einmal mit zu sich nach Hause nehmen, und je nachdem, wie Annika das Treffen verkraftete, würde sie sie uns am Nachmittag hoffentlich bringen können. Wir trafen Maike mit Annika im Treppenhaus und sie zeigte sich zuversichtlich, später zu uns zu kommen, da Annikas Mutter einen guten Eindruck auf sie machte.

Als wir in das Besuchszimmer kamen, saßen Frau Walter, unsere zukünftige Sachbearbeiterin und die leibliche Mutter im Zimmer. Sie erinnerte mich sehr an Tommys Mutter: Ihre Schultern hingen herunter, ihr Blick war auf den Tisch gerichtet und sie knibbelte an ihren Fingernägeln.

Da saßen wir, eine Front aus Jugendamt und Pflegeeltern, vier gegen eins. Obwohl ich keinen Anlass dazu hatte, fühlte ich mich schrecklich schuldig. Wie gemein, dass wir alle paarweise dort saßen und sie dieses Treffen allein durchstehen musste. Und wie großartig, dass sie es geschafft hatte zu kommen.

Frau Walter begann das Gespräch mit ihrer rauen Art: »Ja, jetzt sitzen wir hier, weil Annikas Mutter es jetzt geschafft hat, zu erscheinen und die zukünftigen Pflegeeltern ihrer Tochter kennenzulernen. Wir haben eben schon darüber gesprochen, dass wir Verlässlichkeit für Annika, aber auch für die Pflegeväter brauchen, und Annikas Mutter hat sich verständig gezeigt und möchte in Zukunft den Kontakt halten. Wir haben ihr auch schon von ihrem guten Start mit Annika erzählt, was sie sehr freut.«

Ich schaute Annikas Mutter an, während Frau Walter immer weitersprach, ich hatte den Eindruck, dass sie sich zunehmend unwohler fühlte. Ich mochte Frau Walter, aber ihr ununterbrochenes Reden und ihre dominante Art wirkten auf mich schon einschüchternd. Als sie dann fertig war oder zumindest eine längere Pause machte, ergriff ich vorsichtig das Wort:

»Entschuldigen Sie, Frau Walter, aber wäre es möglich, mit Annikas Mutter alleine zu sprechen, wenn es für Sie in Ordnung ist?«

»Normalerweise machen wir das nicht, Herr Silvergieter, aber wenn Sie das möchten, machen wir heute mal eine Ausnahme«, sagte Frau Walter, und ich meinte, Irritation und Verwunderung aus ihrer Stimme herauszuhören. Keine Ahnung, was sie dazu veranlasste, dieser Ausnahme zuzustimmen, aber sie tat es.

Als ich mit Annikas Mutter allein war, ließ ich erst einmal die Ruhe des Raumes auf uns wirken und sagte dann ganz behutsam: »Endlich Stille. Ich schätze Frau Walter sehr, aber sie redet echt viel.« Eine ehrlich gemeinte Aussage, mit der ich zudem hoffte, Annikas Mutter zu zeigen, dass ich nicht auf irgendeiner Seite stand. »Ich hoffe, es ist okay für d… «, ich zögerte, da wir uns zum ersten Mal sahen, »wollen wir uns duzen?«

»Ja gerne«, sagte sie, und ich glaubte, eine erste Anspannung abfallen zu sehen.

»Ich möchte, dass du weißt, dass wir dich nicht verurteilen, dir nichts vorwerfen und dir erst recht nichts vorhalten. Wir sind hier nicht die Guten und wir tun auch nicht so. Du bist Annikas Mutter, und das wirst du auch immer sein. Wir möchten dich in ihrem und unserem Leben wissen, denn du gehörst zu Annika, für immer.«

Sie schaffte es, mich anzusehen, und ich schaute in ihre müden Augen. Wieder fühlte ich mich schuldig, dass ich eine glückliche Kindheit gehabt hatte. Ich glaubte, ihren Schmerz zu sehen und gleichzeitig ihre Dankbarkeit darüber, dass ihre Tochter es gut bei uns haben würde.

»Ich freue mich, dass meine kleine Maus zu euch kommt, ihr wirkt sehr lieb auf mich, und das beruhigt mich. Ich möchte nur, dass es meiner Tochter gut geht«, sagte sie und schaute dabei auf den Tisch. Sie griff nach ihrer Tasche und holte ein Taschentuch hervor.

Ihr Leid ist mein größtes Glück, denn durch ihr Schicksal durfte ich mich noch an diesem Tag ganz offiziell Annikas Pflegevater nennen. Ich musste an ein Lied von Alin Coen denken. Sie las in der Zeitung von einer Mutter, die ihr Kind in eine Babyklappe gelegt und einen Brief beigefügt hatte:

Ich reiche dich weiter, weil ich selbst an mir scheiter.
Wünsch dir ein besseres Leben, Ich kann's dir nicht geben.

»Wir kümmern uns gut um dein Kind. Versprochen.«

René hatte mir mal gesagt, ich redete zu viel und sollte den Menschen öfter Raum geben. Also wartete ich, und es fühlte sich sehr lange an, bis Annikas Mutter wieder anfing zu sprechen.

»Danke, dass du gesehen hast, dass mir das alles zu viel war und alle rausgeschickt hast«, sagte sie schließlich.

Ich lächelte, und wir schwiegen noch eine Weile. Es war keine unangenehme Stille. Als sie nicht mehr sprach, fragte ich sie, ob es nun in Ordnung sei, die anderen wieder hereinzubitten.

Das war es, und so öffnete ich die Tür.

Wir sprachen noch ein wenig über uns und Tommy und über den bevorstehenden Umzug Annikas. Danach verabschiedeten wir uns und freuten uns aufrichtig auf den schon bald stattfindenden ersten Besuchskontakt mit uns und Annika.

Auf der Fahrt nach Hause rief Maike uns an und teilte uns mit, dass Annika den Kontakt sehr gut überstanden hatte und sie gegen ein Uhr mit ihr zu uns nach Hause kommen würde.

»Unsere Tochter zieht heute zu uns«, konnte ich René noch sagen, bevor mich meine Freude überrollte und ich nichts mehr konnte, außer zu weinen.

Dieser Tag sollte für uns alle ein tränenreicher Tag werden.

Als Maike um Punkt eins kam, sah ich sofort, dass ihre Augen vom Weinen gerötet waren. Ich nahm sie in den Arm und drückte sie. Maike wollte nicht aus Unhöflichkeit schnell weg, aber sie wollte sich selbst den Abschied nicht unnötig schwer machen. Sie bat uns, gut auf Annika aufzupassen, und sagte, dass sie sich immer über eine Nachricht und ein Bild per WhatsApp freuen würde.

Bevor sie ging, sagte sie, dass es sein könne, dass Annika noch Farbe an ihren Füßen habe. Maike macht von jedem Bereitschaftspflegekind am Tag seines Auszugs Fußabdrücke für ihre persönliche Hall of Fame.

Gemeinsam mit Tommy winkten wir ihr so lange auf der Straße nach, bis Maikes Auto nicht mehr zu sehen war. Dann gingen wir ins Haus. Zu viert. Plötzlich waren wir ein Mensch mehr in unserem Haus und brauchten Zeit, um uns an die größer gewordene Familie zu gewöhnen, und vor allem, um Tommy den Raum zu geben, sich an Annika zu gewöhnen.

Doch dafür sollten wir sechs Wochen Zeit haben. Da meine Elternzeit vor Tommys Einschulung endete und bevor Annika im Orbit war, wir aber Tommy in dieser aufregenden Zeit nicht jeden Tag bei Oma oder Omi unterbringen wollten, hatte ich unbezahlten Urlaub beantragt und bekommen. Somit konnten wir die Elternzeit von Annika splitten. René nahm sich sechs Wochen Auszeit, damit wir als Familie Zeit hatten, anzukommen, zu uns und in einen Alltag zu finden. Vor allem war es uns aber wichtig, dass Tommy in dieser ungewohnten Situation nicht nur zurückstecken müsse. Sicher würde Annika viel Zeit brauchen, die brauchte Tommy deswegen nicht weniger als vorher. Im Gegenteil, er würde vielleicht sogar mehr Aufmerksamkeit und Zeit einfordern. Für uns als Familie war es die beste Entscheidung, diese intensive Zeit gemeinsam zu haben.

Von da an sind wir zu viert. Papa, Papi, Tommy und Annika. Eine Familie. Bunt, anders und im Grunde wie alle anderen Familien auch.

13
Vom Leben in der Kleinstadt und der Suche nach Vorurteilen

René

Ich lebe zeit meines Lebens in meinem Dorf und habe mich hier schon immer wohl gefühlt. Ich hatte früher zwar oft den Wunsch, einmal in einer Großstadt zu leben, aber irgendwie kam immer etwas dazwischen. Zum letzten Mal hatte ich 2009 die Idee, wegzuziehen, und zwar nach Madrid, eine Stadt, in die ich mich unsterblich verliebt hatte. Aber wieder kam etwas dazwischen. Ein Etwas namens Kevin.

Mein Großvater pflegte stets zu sagen: »Der Mensch ist ein Gewohnheitstier.« Ich bin da auch keine rühmliche Ausnahme. Vieles habe ich erträumt in meinem Leben. Und vieles davon habe ich nicht umgesetzt. Zu meiner Verteidigung darf ich hervorbringen, dass ich nicht wenig Zeit meines Lebens damit verbracht habe, für andere da zu sein. Und nicht selten habe ich gehört: »Jetzt mach doch auch mal was für dich.«

Ich war nicht etwa ein furchtbar guter Mensch. Ich war eher der Perfektionist, der glaubte, es als Einziger richtig zu machen. Und natürlich gehörten am Ende auch die übliche Portion Angst vor dem Unbekannten und eine große Menge Bequemlichkeit dazu. Andererseits schaue ich auch auf ein Leben zurück, das erfüllter und verrückter nicht hätte sein können.

Neulich erst sprach ich mit meinem besten Freund, Christopher, der mal wieder sagte: »Bei euch ist halt immer Highlife in Tüten. Du brauchst das ja auch irgendwie.« Ich horchte in mich hinein. Stimmte das? Brauchte ich wirklich immer Action? Da fiel mir irrwitzigerweise tatsächlich ein Traum längst vergessener Tage ein. Ich hatte als junger Mensch immer den Wunsch, dass mein Leben aufregend sei und ich immer gebraucht würde. Immer aus dem Vollen schöpfen. Immer Äktschn. Absurderweise hatte ich dazu eine Szene aus der uralten Krimiserie »Colombo« im Kopf, in der er in der Früh im Morgenmantel von dringendem Klingeln an die Haustür gerufen wird. Dabei hat er eines seiner typischen hart gekochten Eier in der Hand und wird quasi vom Frühstück weggezerrt, um zu einem Tatort zu eilen.« So sollte mein Leben sein. Und so ist es auch geworden, irgendwie. Ich habe zwar keinen Morgenmantel. Aber hart gekochte Eier gibt es bei mir auch ab und an. Und viel Äktschn. Mal mit, mal ohne Ei.

Ich antwortete Christopher: »Ich bemühe mich ehrlich um Entschleunigung. Aber der Teufel scheißt halt immer auf den größten Haufen. Es kommt ja ständig was von draußen aufs Tablett. Egal wie sehr ich mich anstrenge.« Daraufhin musste ich noch einmal kurz überlegen, ob ich nicht doch das eine oder andere sein lassen könnte. Aber in der Regel ist es die Familie oder sind es eben die wenigen wichtigen Freunde im Leben, für die ich immer alles stehen und liegen lassen möchte. Ich arbeite wirklich an mir und erkenne auch schon Besserung. Ich weiß heute, dass ich beileibe nicht derjenige bin, der alles besser weiß und besser kann. Nicht zuletzt Kevin hat mir hier sehr viel über mich selbst beigebracht.

Andererseits ist es aber irgendwie auch beruhigend zu erkennen, dass alles gut ist, wie es ist, weil ich es eben in der Tiefe meiner Seele doch ein bisschen so haben möchte. Das nennt man dann wohl Selbsterkenntnis. Und das hilft, deutlich zufriedener zu sein mit dem, was man hat und wer man ist. Es ist der rote Faden, der sich durch mein Leben zieht. Ich mag es lebendig und bewegt. Diese meine persönliche »Yellow Brick Road« hat zu meinem wundervollen Leben geführt, das ich nun leben darf.

Gerade als Flugbegleiter habe ich unzählige Kolleginnen und Kollegen mit den spannendsten Lebensgeschichten. Beneidenswert, mit zwei oder mehr Sprachen aufzuwachsen. Das ist ein wahres Geschenk, finde ich. Ich kann Deutsch und Englisch. Und Hessisch. Letzteres durfte ich leider bei Lufthansa nicht mal als Fremdsprache eintragen.

Ich habe es also rückblickend geschafft, dass mein Leben zwar aufregend und bewegt wurde, aber ich habe es tatsächlich nie geschafft fortzuziehen. Dabei wollte ich immer mal woanders leben, vor allem wollte ich überhaupt mal in einer

Stadt leben. Ein Mini-Erfahrung durfte ich machen, als ich mit zwei Freunden einen Unterwäscheladen in Berlin betrieb. Ich weiß bis heute nicht mehr, wie ich in diese Geschichte hineingeraten bin. Ich wollte sie nur ein wenig bei der Organisation unterstützen, und ehe ich mich versah, bauten wir in einem verregneten November in einem entzückenden kleinen Laden in der Schönhauser Allee am Prenzlauer Berg in Berlin innerhalb von zwei Wochen eine sehr vorzeigbare Inneneinrichtung. Mit schönen Hölzern und indirekter Beleuchtung. Es war ein kleines Schmuckstück und wir waren sehr stolz. Ich verbrachte einige Zeit in Berlin, obwohl mein Zuhause in Hessen blieb und ich ja gerade erst mit Kevin zusammengekommen war. Und ich arbeitete auch in dieser Zeit weiter voll als Flugbegleiter. So viel zum Thema hart gekochte Eier im Morgenmantel. Äktschn pur.

Kurz bevor ich Kevin kennenlernte, war ich voller Tatendrang und wollte nach Madrid ziehen. Eine meiner liebsten Städte in Europa. Ich wäre als Wassersportler sicher besser irgendwo an der Küste aufgehoben gewesen. Aber nein, Madrid ist eine feine Dame, eine große Liebe. Ich war fest entschlossen, es auf mich zu nehmen, zu jedem meiner dienstlichen Einsätze gute drei Stunden nach Frankfurt fliegen zu müssen. Und natürlich danach auch wieder nach Madrid zurück. Wenn ich nur in dieser sonnendurchfluteten majestätischen Stadt leben durfte, mit all dem köstlichen Essen, den lebhaften Menschen, der temperamentvollen Sprache, den vielen spannenden Orten. Ich fühlte mich dort frei und erfüllt, angenommen und bereichert. In ebendieses Glück des wandernden Herzens stolperte dann mein Mann. Prost Mahlzeit. Und dabei hatte ich doch gerade beschlossen, glücklicher Single zu sein.

Als Kevin und ich zusammenkamen und mir klar wurde, dass es nicht nur eine kurze Liaison sein würde, begrub ich meine Pläne, in Madrid zu leben. Das fiel mir der Ehrlichkeit halber nicht ganz so schwer, mit einem wundervollen und bildschönen Mann an meiner Seite. Außerdem reisten wir ja gemeinsam, beruflich zumindest. Immerhin. Auch wenn das nicht das Gleiche bedeutet, wie an einem anderen Ort zu wohnen.

Kevin wohnte damals im Frankfurter Ostend. Er hatte ein kleines Zimmer in einer WG, und es wurde sogleich eine der ersten Prüfungen unserer Beziehung. Nachts nach einem schönen Abend noch mit Spaghetti und Ketchup verwöhnt zu werden, fand ich am Anfang noch romantisch. Aber vor allem Privatsphäre ist in einer WG sehr eingeschränkt. Und danach sehnt man sich ja gerade zu Beginn einer Beziehung sehr. Und wie es in WGs ofter mal vorkommt, empfand ich seine Mitbewohnerin Maya als einen eher schwierigen Typ Mensch. Mir war schnell klar, dass diese Behausung nicht wirklich mein Lebensgefühl widerspiegelte.

Es dauerte ein gutes Jahr, bis Kevin Anfang 2010 zu mir aufs Land zog. Und das, obwohl seine Schauspielschule nur fünf Gehminuten von seiner Wohnung in Frankfurt entfernt lag. Und obwohl ich es war, der ihn bestärkt hatte, auf ebenjene Schauspielschule zu gehen und sein Glück zu versuchen.

Ich hatte Kevin gefragt, ob er sich vorstellen könne, mit mir gemeinsam in einem Haus zu leben – und er überlegte nicht lange und zog zu mir. Dafür liebte ich ihn noch mehr. Ich musste beruflich schon ständig den Koffer packen. Da hatte ich keine Lust, auch in meiner Freizeit die Tasche packen zu müssen und hin und her zu reisen. Und ich war schon von jeher so egoistisch und wollte meinen Freund griffbereit haben, wenn ich mich unterhalten wollte oder in Schmusestimmung war.

Fernbeziehung war und ist für mich kein Lebensmodell. Ich ziehe meinen virtuellen Hut vor all jenen, die diese meistern. Ich bin zudem ein sehr körperlicher Mensch. Und wer ist schuld? Meine Mutter. Es sind immer die Mütter. Sie war stets sehr zärtlich zu meiner Schwester und mir, als wir Kinder waren. Ich erinnere mich an den einen oder anderen Abend, wenn wir auf einer Geburtstagsfeier oder einem anderen Fest waren. Wenn ich irgendwann genug mit den anderen Kindern getobt hatte und müde war, legte ich mich mit dem Kopf in den Schoß meiner Mutter und sie streichelte gedankenverloren mein Haar, während sie sich weiter unterhielt. Im Hintergrund lief die Musik und man hörte das Geplapper der übrigen Gäste und ich schlief dabei irgendwann ein. Es war wundervoll. Eines meiner persönlichen Bilder von Geborgenheit. Ich habe in meiner Kindheit viel Liebe, Zuneigung und Geborgenheit erfahren dürfen und einen Großteil davon transportierte meine Mutter durch schiere Berührung.

Kevin zog also zu mir. Es war sehr aufregend. Ich hatte gerade die neue Küche im ersten Stock eingebaut und das Wohnzimmer in das frei gewordene Erdgeschoss verlegt. Wir hatten also genug Raum, den wir gemeinsam gestalten konnten, und jeder hatte noch sein eigenes Zimmer als Arbeitsplatz und Rückzugsort. Rückblickend staune ich über den Luxus. Heute quetschen wir unsere beiden Schreibtische in das kleinste Zimmer. Ich erinnere mich, dass ich ihm für seine Schauspielausbildung sogar eine Ballettstange anbrachte. Und zu seinem Geburtstag baute ich eine mobile Bodenplatte, damit er in der Wohnung

Stepptanz üben konnte, ohne das Laminat zu ruinieren. Er lernte dafür langsam, andere Dinge zu kochen als Spaghetti mit Ketchup. Und ich lernte Hochdeutsch. Oder zumindest so zu tun, als wäre ich des Hochdeutschen mächtig. Er hatte nämlich unter anderem ein Schulfach mit dem klangvollen Namen Phonetik. Da war ich als schnell sprechender, nuschelnder Hesse natürlich das gefundene Übungsobjekt für die Lernwiederholungen meines Mannes. Eine Herausforderung in der Aussprache für uns Hessen ist die Unterscheidung von *ch* und *sch*. In tiefstem Hessisch klingt beides gleich. Allein die Übung »tschechisch-griechische Frischmilch« trieb mir die Schweißperlen auf die Stirn. Tut sie übrigens heute noch.

Wir lebten fortan gemeinsam in meinem Dorf. Zugegebenermaßen ist es eine Kleinstadt. Aber ich liebe den Begriff Dorf, denn er beinhaltet für mich die Idee von Gemeinschaft, die wir beide schätzen und hier in unserem Dorf gefunden haben. Ich hatte einen letzten Versuch auszureißen unternommen, als Kevin seine Schauspielausbildung beendete. Ich sagte: »Lass uns wegziehen. Nach Hamburg, München, Berlin. Wo immer du als Schauspieler arbeiten kannst.« Aber da war er rettungslos verliebt. Und zwar nicht nur in mich, sondern eben auch in unser Zuhause und unser Dorf. Ich kannte es nun ja schon ein Leben lang. Kevin kannte nicht dieses, aber ein ähnliches, in dem er aufgewachsen war. Er gewöhnte sich rasch ein. Dies wurde ihm zunächst leicht gemacht durch unsere großartigen Nachbarn. Wir haben die besten Nachbarn, die man auf der Welt finden kann. Ein wunderbarer Mix aus Interesse und Aufmerksamkeit, aber auch Respekt, Toleranz und dem Achten der gegenseitigen Privatsphäre. Es gibt immer und an jeder Ecke einen Plausch zu halten. Wenn die Mülltonnen geholt werden und ich fliegen muss, kann ich sicher sein, dass mein Mann vergisst, sie herauszustellen. Ich kann aber ebenso sicher sein, dass meine Nachbarn es für uns tun. Auf der anderen Seite darf das Gras auf unserem Bürgersteig auch mal Steppenformat haben, ohne dass sich jemand beschwert oder gar das Ordnungsamt ruft.

Wir sind alle füreinander da und helfen uns gegenseitig und leihen uns zum Beispiel gegenseitig Werkzeug oder auch nur die klassische Tasse Zucker. Oder wir stehen uns gegenseitig mit Rat und Tat zur Seite. So wie unsere direkte Nachbarin Frau Richter, die immer ein liebes Wort hat, wenn wir mal genervt sein sollten ob unserer übermütigen Kleinen, die nur eine Minute nachdem wir das Haus verlassen haben das perfekte Chaos im Vorgarten veranstalten und sich von oben bis unten eingesaut haben. Es steht ja immer irgendwo eine volle Gießkanne und es findet sich auch immer ein Stock oder ein Stein oder irgendetwas anderes Schlammverschmiertes. Und dann sind da Frau Richters Kinder, mit denen ich aufwachsen durfte und die nun tapfer unsere Annika ertragen, wenn sie mal wieder deren Katze kreuz und quer durch Haus und Garten verfolgt.

Oder meine Nachbarin gegenüber, Heike, deren ansteckendes Lachen an Sommertagen unsere Straße hinaufhallt. Sie ist zudem eine begnadete Physiotherapeutin, die mir regelmäßig die Hammelbeine langzieht und meine müden Knochen zurechtrückt. Und die auch immer Rat weiß, wenn wir einen Arzt für dieses oder jenes suchen. Ich küsse den Boden, auf dem sie geht. Und ihr Mann, mit dem herrlich trockenen Humor, der mir nach nur sehr kurzem Zögern seine Gartenverlängerungsschnur lieh, nachdem ich ihm zuvor erzählt hatte, dass ich meine eigene gerade eben mit der Heckenschere durchtrennt habe. Und ja, ich habe seine heil und unbeschädigt wieder zurückgegeben.

An der Ecke wohnt eine der liebsten Omas, die ich in meinem Leben kennenlernen durfte. Sie hat regelmäßig Tränen in den Augen, weil sie sich so mit und für uns freut und es genießt, wenn unsere Kinder um sie herumturnen. Sie ist seit einiger Zeit verwitwet. Als wir sie letztes Jahr vor dem ersten Advent auf dem Markt trafen, sagte sie: »Ich weiß gar nicht, ob ich mir dieses Jahr einen Adventskranz aufstellen mag.« Es sind diese Momente, in denen ich meinen Mann und unsere Beziehung besonders liebe. Wir tauschten einen kurzen Blick und es waren keine Worte mehr nötig. Wir kauften ein paar frische Zweige und schnitten noch das eine oder andere Grün in unserem eigenen Garten. Im Keller haben wir verschiedene Adventsgestecke und -ständer, die wir im Wechsel benutzen. Auch an Dekoration mangelt es uns nicht. Gemeinsam mit Tommy und Annika schufen wir ein festliches Adventsgesteck und trugen es am Nachmittag desselben Tages gemeinsam zu besagter Nachbarin. Ihre Freude war aufrichtig und überschwänglich und einmal mehr liefen die Tränen. Nicht nur ihre.

Im Sommer herrscht stets ein reges Austauschen an Obst und Gemüse. Mal verteilen wir Mirabellen an alle, wenn unser Baum mal wieder so richtig angeben will. Dafür bekommen wir von der einen Seite Äpfel, von der anderen Pflaumen nebst köstlichstem Pflaumenkuchen, und unser lieber italienischer Nachbar schräg hinten versorgt uns immer mit Salatpflänzchen und Pfirsichen. Letztes Jahr säte Kevin Gurkenpflanzen. Wir wollten gut zwölf Stück haben. Wenn man nun zwölf Samen in die Erde drückt, kann es gut und gerne passieren, dass nur sechs herauskommen. Also war mein Mann mal großzügig und säte zwanzig Samen. Sie kamen alle. Da wir beide und vor allem auch Tommy Gurken sehr gerne essen, pflanzten wir sie kurzerhand auch alle. Ich habe noch irgendwo ein Foto von einer Steige mit einer Ernte von gut sechzig Gurken. Die ich an einem einzigen Tag abgemacht hatte. Ich trug die Steige dann die Straße auf und ab, bis jeder versorgt war.

Gibt es bei uns eine Familienfeier, bekommen wir von den einen Nachbarn zusätzliche Bierbänke, von den anderen einen Pavillon zum Aufstellen. Oder die Nachbarn sitzen einfach unter unserem Kirschbaum und feiern mit uns gemeinsam.

So auch geschehen an unserem Polterabend. Ich wollte einen richtigen, echten Polterabend mit allem Drum und Dran. Traditionell poltert man ja, um seine Freude mit dem ganzen Dorf zu teilen. Und damit die vielen Scherben, die dabei geschaffen werden, viel Glück für die Ehe bringen mögen. Bis jetzt machen die Scherben unseres Polterabends einen großartigen Job. Traditionell polterte man aber auch einen Tag vor der Eheschließung. Das haben wir uns mal dezent verkniffen. Wir wollten ja auch mitfeiern und nicht um 23 Uhr nach zwei Bier ins Bett gehen. Oder am Tag der Hochzeit dann völlig zerstört aussehen. Nicht, dass mein Mann jemals zerstört ausgesehen hätte. Ich dafür dann aber umso mehr. Also lag der Polterabend eine Woche vor der Hochzeit.

Zu einem ordentlichen Polterabend gehört bei uns dann auch Babywäsche, die auf einer Wäscheleine über die Straße zu einem Nachbarhaus gespannt wird. Dies soll Glück und Segen für einen baldigen Nachwuchs bringen. Ich hatte ja keine Ahnung, dass die Fruchtbarkeitsgöttin damit auch gleich in Feierlaune versetzt würde und wir zwei Monate später unser erstes Kind kennenlernen würden. Was die Einladungen angeht, so gab man früher den Termin einfach im Dorf bekannt und es sprach sich herum. Man lud nicht explizit ein. Wir bedienten uns stattdessen des modernen Mediums eines Herren, dessen Name ähnlich wie Honighügel klingt. Und es sprach sich herum. Und wie. Haus, Garten und Straße waren voll mit Menschen. Und alle kamen unseretwegen. Und freuten sich für uns und mit uns. Als eine meiner engsten Freundinnen, die von weit angefahren war, völlig überraschend als eine der ersten Gäste am Ende der Straße auftauchte, war ich völlig überwältigt. Es war ja nun eigentlich logisch. Wenn man niemanden einlädt, weiß man auch nicht, wer kommt. Umso bewegender war es dann, mit jedem eintreffenden Gast zu erleben, wer sich alles Zeit genommen hatte, um unseretwegen zu kommen. Und es waren viele Menschen dabei, die ich lange Zeit nicht mehr gesehen oder gehört hatte. Ich kann heute sagen, dass unser Polterabend eine mindestens ebenso wertvolle Erfahrung war wie die Hochzeit selbst.

Mein Mann hatte zudem einen Flashmob organisiert. Für alle, die mit diesem modernen Kram genauso wenig bewandert sind wie ich: Es bedeutet, über ein soziales Medium einen Haufen wildfremder Leute dazu zu bringen, irgendetwas Lustiges, auch gerne mal Sinnbefreites gemeinsam und zeitgleich anzustellen. Meistens inmitten aller Öffentlichkeit.

Nun, ein paar Menschen kannten sich und es war auch rudimentär geplant. Ich hatte gar nicht verstanden, weshalb meine

Nichte mit Kreide Linien und Zeichen auf die Straße gemalt hatte. Später wusste ich, dass es eine Marschroute für mich war und die Zeichen Stationen, an denen sich bestimmte Menschen aufhielten. Es war noch hell, als meine geliebte Schwester mich dann irgendwann an die Hand nahm und mich ebenjene Linie entlangführte. Im Hintergrund erklang Musik. »Applaus, Applaus« von Sportfreunde Stiller. Es war nicht unser Lied. Wir haben nicht ein »Unser Lied«. Es gab zwei oder drei Lieder, die uns in verschiedenen Phasen unserer Beziehung bedeutsam begleitet hatten. »Applaus, Applaus« war eines davon. Meine Schwester führte mich also durch eine Menge von gut und gerne hundert Leuten und an verschiedenen Stationen stellten Freunde und Nachbarn von uns verschiedene Momente und wichtige Aspekte unserer Beziehung spielerisch dar. Ich klammerte mich an sie, um nicht gleich vollends die Fassung zu verlieren. Am Ende stand dann meine Familie vor mir. Und ein ansonsten eher zurückhaltender Nachbar hatte sogar noch eine alte Silvesterrakete aus dem Keller gekramt, die zum krönenden Abschluss gezündet wurde. Ich war überglücklich. Und ja, ich habe geheult wie ein Schlosshund.

Sehr bewegend war das Geschenk einer Nachbarin, die mich kannte, seit ich auf der Welt war. Sie war stets ein wacher und aufgeschlossener Geist gewesen, die immer aussprach, was sie dachte. Eine echte Persönlichkeit. Oft hatte ich lange Gespräche mit ihr geführt. Sie wusste viel zu erzählen. Auch viele verstörende Geschichten aus der Zeit des Nationalsozialismus, der auch in unserem kleinen Dorf seinerzeit deutliche Spuren hinterließ. Ich kann mich sogar noch an ihren Vater erinnern, der ein gütiger Mensch war und trotz Gehstock und hohen Alters noch ab und an mit uns Kindern einen Ball über die Straße gekickt hatte. Damals, als man auf der Straße noch spielen konnte.

Besagte Nachbarin hatte mich gut zwei Jahre zuvor schon einmal gefragt, wann wir denn eigentlich endlich heiraten würden. Sie war schon damals über neunzig. Vorurteile? Von wegen. Sie freute sich für uns. An unserem Polterabend überreichte ihr Sohn uns ein Geschenk. Von ihr. Für uns. Sie war am selben Vormittag verstorben.

Wir feierten also ein rauschendes Fest, mit den guten Wünschen aller, die um uns herum waren. Oder eben auch nicht mehr. Auch unsere muslimische Nachbarin war dabei und überbrachte ihre besten Wünsche. Am Polterabend zweier Männer. Auch hier keine Vorurteile, sondern gelebte Toleranz.

Unsere Nachbarn waren von dem Fest und dem Zusammensein so begeistert, dass sie gleich eine Tradition ins Leben riefen. Es sollte nun jedes Jahr gefeiert werden. Allerdings hielten sie es nicht bis zum nächsten Sommer aus und wir feierten gleich sechs Monate später ein gemütliches Adventsfest in einem der Nachbarhöfe. So halten wir es bis heute. Im Sommer ein großes Straßenfest, zu dem wir die Straße sperren, die Kinder die Straße rauf und runter toben und wir Essen zusammentragen, dass sich die Tische biegen. Und im Winter ein Adventsfest in jeweils einem Hof der Nachbarn mit leckerem Glühwein und selbstgemachtem Gebäck. Es ist ein sehr inniges Miteinander und wir sind alle dankbar für diese wunderbare Nachbarschaft.

Über diese großartigen Nachbarn hinaus gibt es in unserer kleinen Stadt noch viele weitere Menschen, die uns aufgeschlossen und respektvoll begegnen und die an unserem Leben teilhaben.

Da ist die belesene Buchhändlerin, die gesprächige Bäckersfrau, die Mädels im Bioladen, der Gemüsebauer auf dem Wochenmarkt und seine Familie, der Metzger, die Getränkehändlerin und viele mehr. Wir sind integriert. Vollkommen. Normal eben.

Als Tommy gerade erst zu uns gekommen war, kam der Tag, an dem wir zum ersten Mal mit ihm ins Dorf zum Einkaufen gingen. Als wir die Bäckerei betraten, voll mit Menschen wie üblich an einem Samstagvormittag, stürmte die Bäckerin mit einem Hörnchen gerüstet hinter der Theke hervor. Sie kniete sich vor Tommy und sagte: »Hallo Tommy. Da bist du ja endlich. Wir haben schon so auf dich gewartet.« Es war ein sehr rührender Moment und es steht für all die Zugewandtheit, die wir in unserem Dorf erfahren dürfen.

Man mag nun geneigt sein zu sagen: »Aber das soll doch so sein.« Aber in einer Welt, in der Menschen verfolgt und misshandelt werden, von den eigenen Familien geächtet oder gar vom Gesetz mit dem Tode bedroht werden, nur weil sie einen anderen Menschen lieben, wissen wir, wie beschenkt wir sind, so frei leben zu dürfen. Das ist es. Nicht die »Normalität«, die man uns zugesteht. Denn wir entsprechen nicht der Norm. Sondern unsere Freiheit zu entscheiden, wie wir leben. Das ist ein Geschenk, dessen wir uns stets gewahr sind. Und wenn dann in meinem eigenen Land rechtsgerichtete Parteien plötzlich bei Wahlen mehr als ein Viertel der Stimmen bekommen, werden wir sehr wachsam. Nicht ängstlich, aber hellhörig. Daraus erwächst nicht nur das Bedürfnis, sondern, wie ich empfinde, auch die Pflicht, für unsere Rechte zu kämpfen. Für die Freiheit, in der wir leben dürfen. Ohne dafür von den Menschen um uns herum verurteilt zu werden. Und schon gar nicht vorverurteilt.

Zu guter Letzt muss hier noch eine Geschichte erzählt werden, die mich einige Zeit beschäftigt hat. Es war ein Jahr bevor wir Tommy bekamen. Wir waren auf einer Hochzeit eingeladen. Eine große Hochzeit zweier lesbischer Freundinnen. Sie feierten etwas weiter südlich von unserer Stadt in einer noch kleineren Stadt an den Vorausläufern des schönen Odenwalds gelegen. Die Feier dauerte den ganzen Tag und die ganze Nacht und Kevin und ich gönnten uns zwischendurch eine kleine Pause, um einen Verdauungsspaziergang zu machen. Wir schlenderten also Hand in Hand durch das Dorf. Ja, dies war wirklich ein Dorf im positivsten Sinne des Wortes. Wir betrachteten die Häuser und sahen bereits die hohen Bäume des Waldes, der mit seinem üppigen Grün bis an die Ortsgrenze heranbrandete. Es war ruhig und man hörte nur den Wind in den Baumwipfeln. Ich sagte zu Kevin, dass dies ein Ort sei, an dem ich mir durchaus vorstellen könnte zu leben. Ich sagte auch, dass es hier aber sicher nicht so einfach sei als schwules Paar, da die Menschen hier sicher nicht so aufgeschlossen seien.

Als hätte das Schicksal mich gehört, ertönte nur einen Moment später die Stimme einer Dame, die gemeinsam mit ihrer Nachbarin am Gartenzaun stand und plauderte: »Darf man gratulieren?«

Ich war völlig perplex und wusste zunächst gar nicht, was sie meinte. Sie sah die Verwirrung in meinem Gesicht, blickte auf unsere Hände, an denen wir uns hielten, und wiederholte: »Darf man zur Hochzeit gratulieren?«

Kevin antwortete: »Danke. Aber nein. Wir sind auf der Hochzeit zweier Freundinnen hier.« Die Dame bekundete auch hierzu ihre freudige Zustimmung und bat uns, Glückwünsche auszurichten.

Ich blieb sehr nachdenklich zurück. Wer hatte hier nun die Vorurteile gehabt? Ich selbst. Ich, der vorschnell geglaubt hatte, ein ganzes Dorf einschätzen zu können, und das völlig zu Unrecht. Wie es bei Vorurteilen ja nun mal meistens ist. Es war mir eine große Lehre. Und es macht mich einmal mehr dankbar, dass uns unsere Familien und Freunde, unsere Nachbarn und die vielen Menschen in meinem Dorf mit so viel mehr Toleranz und Offenheit begegnen, als ich sie selbst an diesem Tag besaß.

14
Eltern werden, Paar bleiben

René

Als wir gemeinsam davon träumten, Kinder zu haben, hätte unsere Brille rosaroter nicht sein können. Wir waren sicher, dass wir alle Höhen und Tiefen des elterlichen Daseins gemeinsam meistern würden, und da wir ganz coole Onkels sein konnten, wenn wir uns Mühe gaben, wären wir bestimmt auch coole Eltern. Ganz sicher.

Nachdem ich meinem Mann in den letzten vier Jahren gefühlt mindestens fünfmal gerne die Scheidungspapiere hingelegt hätte, weiß ich es besser. Eltern zu sein ist echt anstrengend. Dabei lassen wir Eltern uns gerne dazu hinreißen, den Übeltäter jenseits der Kinderzimmertür auszumachen. Klar sind es die Kinder, die uns stressen. Sie machen Schmutz und Lärm, bemalen sich selbst und die Wände, verteilen Essen in ihrem Gesicht und auf Möbeln, und wenn man am Ende eines langen Tages ins

Kinderzimmer kommt, sieht es aus, als wäre eine Guerillaeinheit durchgestürmt, und allein für den Weg von der Tür zum Bett braucht es eine mittelschwere Bergsteigerausrüstung.

Es ist ein klarer Fall. Kinder sollten nur gemeinsam mit einem lebenslangen Vorrat an Valium ausgeliefert werden. Nun haben wir nach vier Jahren als Eltern gelernt, dass wir unsere Erwartungen an unsere Kinder ihren Persönlichkeiten und Entwicklungsphasen anpassen sollten und nicht das Kind so lange zu erziehen versuchen, bis es unseren Erwartungen gerecht wird. Das hat uns viel Zeit und harte Arbeit gekostet. Dabei waren wir uns doch so sicher, dass wir in Sachen Erziehung einer Meinung sind. Als Tommy dann aber endlich da war, stellte er uns vor ganz andere Herausforderungen, als wir sie uns vorgestellt hatten. Und Annika erst. Sie hat den größten Dickkopf in der Familie und mein Mann neigt gerne einmal dazu, sich um den Finger wickeln zu lassen. Oder er gibt ihrem Gezeter nach, weil er den ganzen Tag mit ihr verbracht hat und die Nerven für einen weiteren Kampf nicht mehr besitzt. Daraufhin komme ich von der Arbeit nach Hause und denke: »Warum zeigt er ihr denn nicht mal ihre Grenzen auf?« Und ein Blickwechsel zwischen uns beiden genügt, um festzustellen, dass wir in diesem Moment mitnichten die gleichen Ansichten zum Thema Kindererziehung haben.

Die Einschätzung und Bewertung der Schauplätze, in die wir mit unseren Kindern geraten, ist zwangsläufig eine sehr subjektive. Sie hängt von unserer Tagesform ab, vom Stress, den wir in Beruf und Alltag empfinden mögen, oder von schwierigen Phasen im Leben, wie Krankheit oder finanzielle Unsicherheit. Sie ist also für einen Elternteil allein besehen schon nicht sehr konstant. Deshalb kann man damit rechnen, dass sie sich erst recht nicht immer deckt zwischen zwei Partnern.

Bei allem Glück und aller empfundenen Harmonie in unserer Beziehung sind wir doch sehr unterschiedliche Menschen mit unterschiedlichen Erfahrungen, Bedürfnissen und Wünschen. Mir war es definitiv wichtiger als meinem Mann, dass unser Haus nicht im totalen Chaos versinkt, nur damit unsere Kinder sich erfahren und erleben konnten. Ich dachte, das geht auch ohne dass unsere Tochter alle Küchenschränke ausräumt. Entsprechend genervt war ich dann auch, als ich das Antriebsteil für unsere Küchenmaschine nachbestellen musste. Es war nach einer ihrer Ausräumaktionen nicht mehr aufzufinden. Kevin stritt sich dafür regelmäßig mit unserer Tochter, wenn er sie zum Schlafen umziehen wollte, derweil ich nur dachte: »Warum spricht er nicht einfach ein Machtwort?« Die Kür in der gemeinsamen Kindererziehung liegt darin, sich abzustimmen und gemeinsam zu agieren. Und ja, es kann sein, dass das manchmal täglich neu erarbeitet werden muss. Welch eine Herausforderung. Aber was ist die Alternative? Frust, Unzufriedenheit und gegenseitige Vorwürfe.

Ich habe gerade kürzlich erst gelesen, dass die Hälfte aller Ehen geschieden werden, wenn die Kinder etwa zweieinhalb Jahre alt sind. Aber wann merkt man, dass man nicht mehr auf derselben Seite am Tau zieht? Wenn Paare sich getrennt haben, lässt sich im Nachgang zumindest für einen Partner der Zeitpunkt meist gut bestimmten. Dann höre ich Sätze wie: »Es war mir schon letztes Jahr klar, dass das nicht mehr lange gut gehen wird.« Vom anderen Partner höre ich: »Ich bin aus allen Wolken gefallen. Hätte sie doch wenigstens einmal mit mir geredet.«

Wir geben uns deshalb große Mühe, miteinander zu sprechen und vor allem vor den Kindern an einem Strang zu ziehen, auch wenn ein Partner in diesem Moment nicht d'accord mit der Aktion des anderen geht. Das wird dann später besprochen, wenn die lieben Kleinen schlummern. Dann kann es wenigstens dabei auch nicht zu laut hergehen, denn spätestens der Wunsch, dass die Knirpse nicht aufwachen, ist schon eine erste Gemeinsamkeit auf dem Weg zur Versöhnung. Sich vor den Kindern nicht gegenseitig in den Rücken zu fallen oder dem anderen reinzureden war und ist für uns noch immer eine stete Übung. Vor allem für mich. Kevin ist da deutlich besser. Die Omas würden wahrscheinlich widersprechen, aber Kevin und ich wissen, wir haben schon riesige Fortschritte gemacht. Wenn Kevin mit Tommy Hausaufgaben macht und mein Sohn einen Tobsuchtsanfall kriegt, halte ich mich mittlerweile raus. Wenn ich Annika nicht die ganze Familienpackung Gummibärchen essen lasse, schaut Kevin nur kurz mitfühlend, verkneift es sich aber, das arme, darbende Kind zu trösten. Wir haben auch gelernt, uns Unterstützung zu gönnen. Und ja, ich meine gönnen.

Es gibt Supervisionsgruppen für Pflegeeltern. Supervision bedeutet eine gemeinsame Reflexion des eigenen Handelns, um die Qualität des familiären Zusammenlebens zu verbessern. Anfangs klang das für mich wie eine Meute Eltern, die sich gegenseitig vollheult, wie schrecklich doch die ungezogenen Kinder sind, und am Ende mit dem guten Gefühl nach Hause geht, dass es die anderen auch nicht besser haben. In der Realität stellte ich fest, es findet viel wertvoller Austausch statt. Wir haben schon tolle Ideen mitnehmen können, wie andere Eltern das eine oder andere Problem mit ihren Kindern gelöst haben, das wir selbst zu Hause auch hatten. Die Gruppe wird vor allem auch moderiert und begleitet, und das in der Regel von einer ausgebildeten Familientherapeutin. Dort haben wir eine ebensolche Therapeutin kennengelernt und es uns gegönnt, fernab der Gruppe Einzeltermine zu besuchen.

Es ergibt für uns Sinn, uns Schwächen einzugestehen und uns mit Lösungsansätzen beschenken zu lassen, auf die wir von allein gar nicht gekommen wären, weil wir emotional viel zu nah am Problem sind. Und ich gebe auch unumwunden zu, dass es runtergeht wie Öl, wenn eine Expertin dann auch mal sagt: »Das machen Sie schon ganz schön gut.« Oder: »Ihre Kinder haben bei Ihnen eine tolle Familie.« Das einmal laut ausgesprochen zu hören tut einfach richtig gut. Also begannen wir vor einiger Zeit, mit einer Familientherapeutin über vermeintlich lapidare Situationen des Alltags zu sprechen und Ideen zu sammeln, wie wir damit anders umgehen können. Vor allem, wenn die Situationen täglich wiederkehren. Musterbeispiel. Unsere Tochter möchte keine Zähne putzen. Sie äußert das nicht etwa durch Geschrei oder eine Diskussion. Nein, auf die Bitte meines Mannes: »Annika, kommst du bitte ins Bad, damit wir Zähne putzen können?« folgt ein höfliches, knappes: »Nein, heute nicht.«

In der Regel folgten dann unsererseits oftmals Diskussionen, quittiert von mitleidigen Blicken unserer Tochter. Die Antwort unserer Therapeutin lautet: »Nicht bestrafen, sondern Konsequenzen aufzeigen. Kinder lassen sich ganz gut ohne Strafen erziehen.«

Unsere Antwort lautet also mittlerweile: »Wenn du deine Zähne nicht putzt, kannst du heute nichts Süßes essen.«

Es ist einfach eine logische Konsequenz und wir lassen ihr die Entscheidung. Und man glaubt es kaum, aber wenn Tommy dann nach dem Mittagessen gemütlich ein Eis schleckt, gibt es auch kaum Geschrei. Ich wiederhole dann in Ruhe: »Du hast heute deine Zähne nicht putzen wollen. Deshalb gibt es jetzt nichts Süßes. Morgen Früh magst du sie dann vielleicht auch wieder putzen.« Es gibt dann schon abends kein Problem mehr mit dem Zähneputzen. Und: Es kommt überhaupt kaum mehr vor, dass sie es verweigert. Wir haben durchgehalten, und sie hat es verstanden.

Es geht nicht darum, Macht zu demonstrieren. Es geht in einem ersten Schritt darum zu überlegen: »Ist es wirklich wichtig? Lohnt es sich, mit meinem Kind darum zu streiten? Und in der Folge womöglich noch Streit mit meinem Partner zu haben wegen der Vorgehensweise?«

Nächster Klassiker. Mein Sohn isst nicht auf. Ich mache mir die Mühe, hinzuschauen und zu unterscheiden. Schmeckt es ihm wirklich nicht? Und wenn nein, bringt es ihn um, wenn es nicht jeden Tag Nudeln gibt? Oder fangen wir gar an, separat zu kochen, für den kleinen Gourmet? Ich sage ihm: »Ich weiß, die Gemüsesuppe ist nicht dein Lieblingsgericht. Aber dein Körper braucht etwas Gemüse, um gesund zu sein und zu wachsen. Iss doch bitte noch wenigstens die Hälfte auf deinem Teller.« Ich zeige Verständnis für ihn und er kommt mir daraufhin in der Regel entgegen. Mein Mann wirft mir dann manchmal einen Blick zu, der besagt: »Willst du ihn jetzt echt zum Essen zwingen?«, sagt aber freundlicherweise nichts dazu.

Es gibt aber auch den Fall, in dem noch zwei kleine Häppchen auf dem Teller meines Sohnes liegen und er schnauft: »Das schaffe ich unmöglich.«

Darauf sage ich: »Du Armer. Der kleine Rest passt nicht mehr rein? Oje, dann ist ja auch gar kein Platz in deinem Bauch für den Nachtisch.«

Ehe Herr Trump »America first« sagen kann, ist der Teller geleert. Okay, ich habe vielleicht unterschwellig ein klein wenig die Muskeln spielen lassen und mir auch sicher wieder einen Blick meines Mannes eingefangen, aber auch hier ist für mein Kind eine Konsequenz erkennbar, und es fällt ihm leicht, meine Bitte anzunehmen. Ich bin dankbar, dass Kevin und ich uns in diesen Situationen gegenseitig Luft lassen, Lösungen zu finden. Auch wenn man immer wieder einmal denken mag: »Das hätte ich jetzt aber anders versucht.«

Ein ganz anderer Fall. Meine Kinder spielen im Garten. Schon wenn sie das Haus verlassen, sage ich: »Aber macht euch nicht schmutzig.« Wie bescheuert kann ein Vater denn sein? Was wünsche ich mir? Dass meine Kinder die Welt erkunden, Erfahrung sammeln, Spaß haben? Oder dass ich keine Arbeit mit der Wäsche habe? Also sage ich ein ganz klares Nein zu meinen Erwartungen und ich löse mich gerne davon, wenn ich sie dann im Garten toben und lachen höre. Ein Freund erzählte mir einmal, dass seine Tante zu Beginn eines Festessens in ihrem Haus der Familie guten Appetit wünschte und etwas Rotwein auf die weiße Tischdecke goss, mit den Worten: »Genießt das Essen und scheut euch nicht davor zu kleckern.«

Viel zu oft wird Freude und Ausgelassenheit unserer Kinder der Vorsicht geopfert. Das hat seine Berechtigung, wenn es um das Leibeswohl meiner zweijährigen Tochter geht und ich ihr verbiete, allein auf die Straße zu laufen. Aber wenn mein Sohn im Park auf einen Baum klettert und ein vorbeigehender Herr sagt: »Oh, da kann man aber herunterfallen«, dann antworte ich: »Solange die Schwerkraft noch intakt ist, ganz sicher.«

Böse? Nein. Genervt, allenfalls. Natürlich möchte ich auch nicht, dass er sich etwas bricht. Aber er wird nicht lernen, sicher und umsichtig zu klettern, wenn er am Boden bleibt, weil ich es ihm verbiete. Stattdessen bestärke ich ihn: »Schau, wo ein starker Ast ist, und halte dich immer mit einer Hand fest.«

Dies ist einer der vielen Fälle, in denen Kevin und ich uns immer einig waren. Unsere Kinder sollen sich ausprobieren können. Trotz hoher Übereinstimmung in den Ansichten gibt es auch bei uns immer wieder schwierige Situationen. Wenn mein Sohn etwa mitten in der Küche die Wand anmalt. Dann ist bei mir das Ende der Idee »Sie sollen sich ausprobieren« erreicht, und mir ist dann mal die Moralpredigt entwichen, von der Arbeit und dem Geld, die Papa hier hineingesteckt hat. Ob mein Kind das wirklich nachvollziehen konnte? Eher nicht. Deutlich zielführender war es zu sagen: »Du malst wirklich großartig, und wenn du auf deinen kleinen Blättern nicht genug Platz dafür hast, sag mir Bescheid.«

Heute malen wir regelmäßig auf großen Kartons, die wir uns beim Elektroladen geben lassen. Die geben sie gerne her und wir sitzen im Garten und malen mit Wasserfarbe gigantische Saurier, tropfen den Boden voll und malen uns gegenseitig an. Wenn ich das mache, steht Kevin in der Nähe und beobachtet uns mit verliebtem Blick und bringt uns dann kurz darauf etwas Leckeres zum Naschen nach draußen und dazu ein paar Gläser Wasser und raunt mir ins Ohr: »Du bist ein wundervoller Vater.« Unter Tommys Wandmalerei in der Küche habe ich übrigens seinen Namen und das Datum geschrieben. Ein schönes Erinnerungsstück.

Es ist uns also mittlerweile eine gute Grundlage geworden zu überlegen: Ist es wirklich schlimm, was mein Kind möchte oder schon getan hat? Und was war seine Motivation? Habe ich mir die Mühe gemacht, mein Kind zu fragen, weshalb es etwas »angestellt« hat? Stand vielleicht ein Angriff gefährlicher Drachen unmittelbar bevor, als er alle Stühle aus der Küche ins Wohnzimmer geschleppt und auf einen Haufen geworfen hat, gefolgt von allen Kissen, derer er habhaft werden konnte? War es vielleicht der Menschheit letzte Rettung?

Klar bin ich genervt, wenn mein Tag hektisch und angefüllt ist und wir gleich Besuch erwarten, der gerne auf ebenjenen Stühlen Platz nehmen möchte. Wollte mein Kind mir etwas Böses tun? Sicher nicht. Ein Schritt zur Seite. Einmal bis zehn zählen und sich fünf Minuten nehmen und mich mit ihm hinter der Barrikade verschanzen. Mein Tag ist ohnehin schon hektisch, da kommt es auf die fünf Minuten auch nicht mehr an. Und mein Sohn liebt mich dafür.

Ein weiterer Fallstrick für die Harmonie zwischen Eltern ist gleich zu Beginn der Elternschaft die Frage: »Wo schläft unser Kind?« Hier teilen sich bekanntermaßen die Geister, und es gibt auch hier viel Literatur, die ebenso hilfreich wie umstritten sein kann. »Jedes Kind kann schlafen lernen«, war einst ein gefeiertes Buch, heute wird heftig darüber diskutiert und nach nur einem Jahr mit meiner Tochter kann ich sagen, für mich liegt die Wahrheit irgendwo dazwischen. Vor allem bei uns und unseren Kindern.

Ich sage bewusst bei uns, denn auch hier beginnt es wieder mit der Abstimmung zwischen beiden Elternteilen. Ich war von Anbeginn der Ansicht, dass unser Sohn und auch später unsere Tochter in ihrem eigenen Bett schlafen sollten. Kevin nicht. Ich lebte und lebe noch immer in dem festen Glauben, dass es dem Glück der Kinder sehr zuträglich ist, wenn es auch den Eltern gut geht. Dazu gehört für mich persönlich ein gewisser Rahmen an kinderfreier Zeit und auch ein angemessenes Maß an Körperlichkeit. Ich sage bewusst angemessen, denn dieses Maß liegt natürlich bei jedem woanders und leider oftmals auch bei zwei Elternteilen auf unterschiedlichem Level und hat noch gar nichts mit den Kindern zu tun. Wenn man sich nun also einigen kann, wie viel Sex in eine Beziehung gehört, dann stellt sich natürlich die Frage nach dem Wann und Wo.

In unserem Leben ist es so, dass unsere Kinder einen Großteil unseres Tagesablaufes bestimmen und daran teilhaben. Ergo bleiben nur der Abend und die Nacht, um endlich einmal für sich zu sein. Und auch wenn es einem ausgewogenen Sexualleben durchaus zuträglich sein kann, andere Orte als nur das eheliche Bett aufzusuchen, so ist eine Küche voll schmutzigem Geschirr oder ein durchaus bequemes Sofa, auf dem noch die Puppe der Tochter und die Dinosaurier unseres Sohnes gemeinsam ein Feierabendgetränk zu sich nehmen doch eher nicht die anregende Kulisse für ein amouröses Abenteuer. Glücklicherweise haben wir ein herrlich großes Bett, in dem wir uns sehr wohl fühlen und das die wenigsten Spuren des Alltags mit Kindern aufweist, auch wenn mal das eine oder andere

Spielzeug seinen Weg ins Schlafzimmer findet. Spätestens bei Thema Sex hatte ich Kevin wieder auf meiner Seite.

Nun besteht die Nacht aber nicht nur aus Liebe, sondern sollte vor allem auch Schlaf und Erholung bieten, damit man dem Ansturm des nächsten Tages wieder energiegeladen entgegentreten kann. Und hier liegt die größte Krux der Sache, aus der sich die naheliegende Antwort ergibt auf die Frage, wo unser Kind denn nun nächtigen solle. Ich kann nicht schlafen, wenn mein Sohn neben mir im Schlaf zappelt, zuckt und zetert oder meine Tochter schnarcht, schnauft und schmatzt. Ich kann nicht schlafen. Ich liege dann wach, stehe irgendwann auf und suche mir eine andere Ruhestätte im Haus oder – noch schlimmer – fange am Ende gar an zu essen und zu lesen und die Nacht zum Tage zu machen. Die Folge war dann häufig, dass ich am nächsten Tag unausgeschlafen, ungeduldig und unausstehlich wie ein Zombie durchs Haus geschlurft bin, bis mir meine liebe Familie nur noch aus dem Weg gegangen ist. Das konnte ja nun kein Zustand sein, und es war für mich deshalb glasklar, dass Tommy in seinem Bett zu schlafen habe. Er selbst würde ja auch davon profitieren, dass Papa frisch und ausgeschlafen war.

Tommy war und ist ein recht guter Einschläfer. Wir haben uns auch stets Mühe gegeben und ein Ritual etabliert, das hin und wieder den aktuellen Bedürfnissen angepasst wurde. Anfangs schauten wir gemeinsam das Sandmännchen, putzten anschließend die Zähne und lasen dann noch eine gemeinsame Geschichte. Danach wurde das Licht ausgeschaltet, und Kevin oder ich sangen noch ein Lied und streichelten Tommy, bis er eingeschlafen war. Veränderungen kamen, als er das Sandmännchen nicht mehr schauen wollte und als er sein Hochbett bekam. Wir lesen heute immer noch und er besteht auch immer noch auf seinem Lied. Während ich früher aber neben seinem Bett saß, liege ich heute mit drin, denn neben dem Hochbett zu stehen ist doch sehr unbequem, denn wir lesen gerne mal länger, wenn das Buch spannend ist. Tommys Bett ist aber nicht nur hoch, sondern auch bequem, und so bin ich meist derjenige, der zuerst einschläft, worauf mein Sohn mich wachrüttelt und rausschmeißt, damit er nun endlich schlafen könne. So ändern sich die Zeiten.

So gut Tommy stets einschlafen konnte, so schlecht schlief er aber durch. Viele Male kam er des Nachts zu uns ins Bett oder wurde wach und rief nach uns. Ich habe ihn anfangs meistens in sein Bett zurückgebracht, bin noch ein wenig bei ihm geblieben. Ich verfolgte aber die Strategie, er solle nach Möglichkeit in seinem Bett bleiben. Auch hierzu las ich einmal in einem Artikel, dass es die Kinder stärken würde, *überstünden* sie die Nacht im eigenen Bett. Es sei ja auch schließlich normal, dass der Mensch im Allgemeinen immer wieder an die Oberfläche des Bewusstseins komme und auch mal wach werde in der Nacht. Dann sollten Kinder lernen, eventuelle Ängste zu überwinden und im eigenen Bett wieder einzuschlafen, so der Bericht. Auch das konnte ich nachvollziehen und fühlte mich bestärkt.

Mein Mann sah das ganz anders. Er hatte gut reden, denn er konnte und kann immer und überall schlafen, auch wenn eine Mariachi-Band quer über sein Kopfkissen marschiert. Heute mache auch ich es anders und bekomme Gott sei Dank auch noch die Chance dazu. Denn mein Sohn kommt auch heute noch ab und an in unser Bett, wenn auch sehr selten. Ich lasse ihn dann. Ich habe gelernt, mich nicht mehr darauf zu berufen, dass ich Schlaf brauche. Das ist unbenommen so, aber ich weiß auch, dass es einfach Phasen der Unsicherheit im Leben meines Sohnes und auch meiner Tochter gibt, vom simplen Entwicklungsschub bis hin zum Auseinandersetzen mit dem Vermissen der leiblichen Mutter, in denen unsere Kinder einfach die Nähe und die Nestwärme brauchen. Und ich genieße es sehr, wenn er kommt und sich an mich löffelt und sofort einschläft, eingehüllt in den Mantel der Geborgenheit, gehalten und beschützt von Papas Arm. Oder wenn Annikas kleines Gesicht mit der Nasenspitze an die Bettkante reicht und sie ihre kleinen Arme hochreckt, um ins Bett gehoben zu werden. Es sind doch auch genau diese wundervollen Momente des Gebrauchtwerdens und des Vertrauens und der rührenden Hingabe unserer Kinder, in denen wir so viel zurückbekommen. Nach eingehender Übung gelingt es mir mittlerweile auch besser, dann doch einzuschlafen und auch halbwegs ausgeruht in den nächsten Tag zu starten.

Als wir uns entschlossen, ein zweites Kind zu bekommen, sagte ich jedem: »Na ja, wir haben ja nun schon Erfahrung und ich fühle mich viel sicherer. Ich weiß aber auch, dass es mit dem zweiten Kind wieder ganz anders werden wird und wir sicher wieder viel dazulernen werden.« Ich ahnte nicht, wie recht ich behalten sollte. Annika lehrte uns eine Menge. Es begann damit, dass sie ja nachts noch die Flasche brauchte. Sie brachte unser tolles Einschlafprogramm, das wir bei Tommy eingesetzt hatten, völlig durcheinander, weil sie nicht besungen werden wollte. Welche Kunstverächterin. Mein Mann kann sehr gut singen. Annika überzeugte es dennoch nicht. Und sie wollte uns auch nicht den Gefallen tun, eine gute Einschläferin zu sein. Ich weiß nicht, wie viel Lebenszeit ich an ihrem Bett verbracht habe. Und als mir unsere Familientherapeutin versicherte, dass sie nicht mehr das vielzitierte »kleine verlorene Affenbaby im feindlichen und unheimlichen Urwald sei«, sondern ein Kind, das in Geborgenheit aufwächst und sehr wohl weiß, dass Papi und Papa da sind, habe auch ich versucht, sie noch wach in ihrem Bett liegen zu lassen, auch wenn sie gezetert hat. Ich sprach ihr gut zu und sagte, dass Papa da ist und ging nach nebenan in unser Arbeitszimmer, wo ich absichtlich Geräusche machte, damit sie mich hören konnte. Die Taktik war überraschend schnell erfolgreich und führte sogar dazu, dass ich ihr irgendwann nachts um halb drei die Flasche geben konnte, ohne ihr danach noch fünfundvierzig Minuten lang übers Haar streicheln zu müssen, bis sie endlich wieder eingeschlafen war. Und das nur, um daraufhin noch zwei Stunden in meinem Bett wach zu liegen, weil ich nicht mehr einschlafen konnte. Nein, ich lasse sie in ihrem Bett liegen, gebe ihre die Flasche, und wenn diese leer ist, streiche ich ihr über den Kopf und sage: »Schlaf gut, mein Engel. Papa ist da«, und gehe aus dem Zimmer. Und sie schläft weiter.

Wenn mein Mann durch ihr Rufen oder Weinen wach wird oder durch einen Tritt von mir, dann geht er erst einmal zu ihrem Bett und nimmt sie heraus. Daraufhin legt er sich gemeinsam mit ihr auf die Récamiere, die in ihrem Zimmer steht, und gibt ihr dort die Flasche. Und schläft dann dort gemeinsam mit ihr wieder ein. Hier schließt sich der Kreis wieder, und wir finden uns wieder bei der Herausforderung der gemeinsamen Absprache zwischen den Ehepartnern. Die wichtigste Erkenntnis hierbei war für uns beide, dass wir uns nicht auf eine Absprache und einen Weg einigen müssen. Natürlich ist es unser Ziel, in der Erziehung an einem Strang zu ziehen und uns abzustimmen. Aber wie alle Regeln hat auch diese ihre Ausnahmen, und es ist völlig in Ordnung, wenn unsere Kinder erfahren, dass auch ihre Eltern Menschen sind und Dinge unterschiedlich handhaben.

Diese Erkenntnis haben wir teuer erkauft. Denn wir hatten viele Diskussionen, weil wir annahmen, dass unsere Tochter sich nur an einen Weg gewöhnen würde, und ich mich sorgte, dass sie dabei natürlich den bequemsten und angenehmsten wählen würde. Ich fürchtete, Kevin würde sie verderben, wenn er sie aus dem Bett nähme, und es wäre mir danach nicht mehr möglich, es auf meine Weise zu tun. Umgekehrt fürchtete Kevin, dass Annika sich ungeliebt oder zurückgewiesen fühlen könnte, wenn ich sie nicht aus dem Bett nähme und meine Körperwärme spüren ließe.

Heute, nachdem sie etwas über zwei Jahre alt ist, wissen wir, dass wir uns umsonst Sorgen gemacht haben. Sie schläft nach wie vor gleich wieder ein, wenn ich ihr in ihrem Bett die Flasche gegeben habe, und sie schläft ebenso wunderbar in Kevins Arm, wenn er wieder einmal bei ihr eingeschlafen ist. Und nachdem wir das alles endlich gelernt haben und die Nächte im Wechsel erfolgreich meistern, entweicht unsere Tochter erneut unserer Weisheit und Fürsorge und schläft einfach durch. Eine Unverschämtheit. Und ein Traum. Wir hatten es schon zuvor immer mal wieder, dass sie ein paar Tage durchschlief. Nun aber scheint es sich zu manifestieren. Wir bleiben hoffnungsvoll.

Zu guter Letzt bleibt noch die Frage nach der gemeinsamen Zeit. Wir sind in der glücklichen Lage, Omas zu haben, die uns ab und zu ein wenig Freiraum schaffen. Aber ein Abendessen zu zweit, ein Besuch im Englischen Theater oder gar eine Nacht ohne Kinder in Colmar zum Weihnachtmarkt, das schaffen auch wir noch viel zu selten. Dazu muss ich aber auch zugeben, dass wir unsere Kinder bereits vermissen, wenn wir nur fünf Minuten ohne sie unterwegs sind. Wir sind einfach gerne mit ihnen unterwegs und genießen es, sie um uns zu haben. Dennoch. Wir wissen, dass wir auf uns achten müssen, und haben auch viele liebe Menschen, die uns stetig daran erinnern.

Wir haben viel gelernt in den nun bald fünf Jahren, seitdem wir Kinder haben. Wir hören besser aufeinander. Und auf unsere Kinder. Wir schrauben Erwartungen zurück und lassen Raum, damit sich jedes Familienmitglied entfalten kann. Aber vor allem Kevin und ich wissen, dass die Straße der gemeinsamen Erziehung keine Einbahnstraße ist, und vor allem kein kerzengerader Weg. Wir lassen den anderen sein, wir lassen den anderen experimentieren und dann und wann einen ganz eigenen Weg finden. Und wir achten aufeinander. Lieben und loben einander. Achten und erkennen die Mühe, die sich der andere gibt, anstatt zu bemängeln, was alles nicht glattläuft.

Ja, ich war anfangs manchmal genervt, wenn ich von einem Flug nach Hause kam und das Wohnzimmer mit Spielzeug übersät war. Aber nachdem Kevin mehrere Tage auf einem Dreh war und ich mit den Kindern allein zu Hause, wusste ich Bescheid und habe mich nie wieder beschwert. Auch wir diskutieren ab und an heiß und es fliegen auch mal die Fetzen zwischen unseren temperamentvollen Gemütern. Aber wir wahren den Respekt und die Fairness und schlafen nie ein, ohne uns zu versöhnen. Eltern zu sein ist eine unglaubliche Herausforderung. Wir planen fest, sie gemeinsam als glückliches Paar zu meistern.

Epilog:
Warum Familie
auch anders geht

Kevin und René

Wenn wir Wikipedia zum Begriff »Familie« bemühen, so stoßen wir auf folgende Definition: »Die Bedeutung des Begriffes
familie findet seine Wurzeln im oskischen Wort *famat* und bedeutet *wohnen*. Die lateinischen Begriffe *famulus* und *famula*
bedeuteten »Haussklave«, »Diener« bzw. »Sklave« und »Diene-
rin« bzw. »Sklavin«. Der davon abgeleitete lateinische Begriff
familia ist in der lateinischen Sprache »vielschichtig«. Für den
heutigen Familienbegriff gab es im Lateinischen – genau wie im
Griechischen – kein Wort: »In keiner ihrer Bedeutungen war
familia also die Kernfamilie, bestehend aus Vater, Mutter, Kindern.«

Das Bild von Familie hat sich in den letzten Jahrzehnten sehr
verändert. Mehr als vier Kinder haben heute nur noch wenige. Alleinerziehende sind nicht mehr nur Frauen. Patchwork-

familien sind längst gang und gäbe. Zwei Männer können Eltern werden. Oder auch zwei Frauen. Und es kommt vor, dass Frau und Mann gemeinsam Kinder bekommen, ohne eine Liebesbeziehung zu führen. Dennoch ist die Anerkennung dieser neuen Formen von Familie noch immer nicht selbstverständlich.

Statistisch gesehen besteht die Mehrheit der Familien noch immer aus Mutter, Vater und Kind/Kindern. Man nennt das die Norm. Wir selbst haben uns allerdings schon oft gefragt, ob diese vermeintliche Norm denn tatsächlich eine solche ist? Wenn wir unser Umfeld betrachten, so zählen wir vielleicht zehn Familien, die tatsächlich in dieser Form bestehen, und da betrachten wir schon unseren erweiterten Bekanntenkreis. Wenn wir allein unsere eigenen Familien betrachten, so haben diese alle einmal *normal* begonnen, sich dann aber ganz anders entwickelt.

Kevins Eltern haben sich scheiden lassen, und er wurde als Teenager von seinem Bruder getrennt, der mit seinem Vater fortzog. Renés Eltern haben sich scheiden lassen, als er sechs Jahre alt war. Sein Vater hatte sich in die beste Freundin seiner Mutter verliebt. Nachdem er ein halbes Leben lang keinen Kontakt zu seinem Vater hatte, stehen sich beide heute sehr nah und seine Mutter und ihre ehemals beste Freundin sitzen bei Familienfesten nebeneinander und plauschen.

Der erste Mann von Renés Schwester verließ die Familie, als ihr gemeinsames Kleinkind schwer erkrankte. Ihr zweiter Mann wurde derweil von seiner ersten Frau verlassen, die ins Ausland ging und dabei nur einen von drei Söhnen mitnahm und die beiden anderen zurückließ. Renés Schwester hat nun zusammen mit ihrem zweiten Mann insgesamt fünf Kinder, und wer von wem gezeugt wurde, ist völlig schnurz. Sie ist für alle fünf die Mama.

Auch im Freundeskreis haben wir viele Eltern, die sich getrennt und mit neuen Partnern weitere Kinder bekommen haben. Patchwork überall. Darüber hinaus kennen wir viele starke Frauen, die ihre Kinder allein erzogen haben, davon einige, die bereits während der Schwangerschaft entschieden haben, die Sache lieber allein durchzuziehen und die das Modell Mutter-Vater-Kind schon vor der Geburt an den Nagel gehängt haben.

Wir stellen also fest, dass viele Familien, die mal in der ursprünglichen Form geplant waren, sich meist durch die Trennung der Eltern so verändert haben, dass sie sich von den vermeintlich neuen Formen wie den Pflegefamilien im Allgemeinen und den Regenbogenfamilien im Besonderen nur unwesentlich unterscheiden. Gemeinsam haben sie, dass in all diesen Familien Kinder nicht permanent bei beiden biologischen Eltern leben. Existiert also nicht zumindest gefühlt schon lange eine große Vielfalt an gelebten Familienformen? Und wenn dem so ist, warum müssen dann einige wenige dieser Familiengebilde härter für ihr Bestehen kämpfen als andere?

Noch immer kämpfen alleinerziehende Frauen um die Möglichkeit, angemessen für sich und ihre Familie sorgen zu können. Wenn zwei Männer Kinder haben, wird gerne unterstellt, es fehle eine Mama. Wenn bei einem lesbischen Paar eine der Frauen durch Samenspende ein Kind bekommt, wird ihre Partnerin vor dem Gesetz nicht automatisch der zweite Elternteil, sondern muss sich beim Jugendamt bewerben und beweisen, bis der langwierige Prozess der Sukzessivadoption sie endlich auch zur Mutter macht.

Zum einen liegen hier bestimmt historisch gewachsene Strukturen zugrunde. Die Kirche hatte früher großen Anteil an der Gestaltung gesellschaftlicher Regeln und sie gibt ein klares und sehr starres Bild von Mann und Frau als Eltern vor. Aber auch heute, da die Kirche zunehmend weniger Einfluss auf das gesellschaftliche Bewusstsein nimmt, beobachten wir etwas, das als wahrgenommene Realität bezeichnet wird. Es bedeutet, dass das, was wir in unserem Umfeld sehen, für uns als wahr angenommen wird. Lebt man in der Großstadt, sieht man häufiger ein Männerpaar Hand in Hand. Lebt man auf dem platten Land, ist dies selten zu sehen und deshalb für viele fremd. Erst recht, wenn an diesen Händen noch zwei Kinder hängen. Hinzu kommt, dass auch die Medienlandschaft sich hier nur langsam anpasst. Klar gibt es mittlerweile in jeder Soap einen Mann, den wir mit einem Augenzwinkern schon die typische Quotenschwuchtel nennen. Und auch in der Politik taucht immer öfter mal ein homosexueller Mensch auf. Aber werden sie wirklich ernst genommen? Und über die lustigen Schwulen hinaus, wie viele lesbische Frauen gibt es in Film und Fernsehen zu sehen?

Wir selbst haben das Gefühl, dass Toleranz und Anerkennung für Familien wie die unsere nicht in allen Teilen und allen Schichten der Gesellschaft angekommen ist. Wenn eine Partei wie die AfD so hohe Zustimmungswerte bei Wahlen erreichen kann, wie es heutzutage der Fall ist, sehen wir dieses Gefühl bestätigt. Da die Norm also auch über die Wahrnehmung eines jeden Einzelnen geprägt wird, ist es so wichtig, dass diese Wahrnehmung durch Bücher, Filme und Medien positiv beeinflusst wird. Erst wenn wir es gemeinsam schaffen, ein vielfältigeres Bild von Familie zu zeigen, können wir Ängste und Vorurteile überwinden.

Bei der Kritik an neuen Familienmodellen geht es folglich selten um rationale Ansätze. Es geht um Angst vor dem Unbekannten. Angst lässt sich selten mit Logik erklären. Sie ist einfach da. Sie ist ein Gefühl. Sich auf Neues einzulassen fällt uns schwer, weil das Altbekannte Sicherheit bedeutet, in einer Welt, die sich ohnehin in schwindelerregendem Tempo verändert.

Wir selbst standen dem Modell der Pflegefamilie anfangs kritisch gegenüber, weil wir darüber zu wenig wussten. Dass wir unsere Ängste ausgeräumt haben und uns auf unbekannte Wege begeben haben, hat uns völlig neue Möglichkeiten eröffnet. Für uns hat Familie längst nichts mehr mit Abstammung oder dem gesellschaftlichen Gefüge zu tun. Das haben uns unsere Pflegekinder gezeigt. Für sie macht es keinen Unterschied, wer sie liebt, denn alles, was sie brauchen, sind Menschen, die für sie da sind, verlässlich und bedingungslos.

In der Begriffsdefinition für Familie kommen die Wörter »wohnen« und »vielschichtig« vor. Wir finden, dies sind schöne Worte für Familie. Denn Familie wohnt im Herzen und ist so vielschichtig wie das Leben selbst. Nirgendwo sollte festgeschrieben sein, wie eine Familie auszusehen hat. Dazu braucht es keine gesellschaftlichen Vorgaben und keine staatlichen Regeln. Familie ist so bunt, wie wir Menschen verschieden sind, und sie sieht für jeden anders aus. Familie ist immer da, wo aus gegenseitiger Liebe und Fürsorge Geborgenheit und Zusammenhalt entsteht. Und deshalb geht Familie auch anders.

NORMAN WOLF

Die
Fische
schlafen
noch

Wie ich meinen
Papa an den
Alkohol verlor und
ihn auf der Straße
wiederfand

mvgverlag

Auch als E-Book erhältlich

224 Seiten
14,99 € (D) | 15,50 € (A)
ISBN 978-3-7474-0077-7

Norman Wolf
Die Fische schlafen noch
Wie ich meinen Papa an den Alkohol verlor und ihn auf der Straße wiederfand

Als Kind unternimmt Norman mit seinem Vater Angelausflüge, gemeinsam hören sie stundenlang alte Platten und verbringen schöne Nachmittage auf Volksfesten. Doch dann kommt der Einschnitt: Normans Vater verliert seine Arbeit. Zwar schreibt er Bewerbungen und versucht wieder Fuß zu fassen, doch die Tage in der Dorfkneipe werden immer länger. Der Vater wird unberechenbarer und die Eltern streiten sich immer häufiger. Als Norman zwölf Jahre alt ist, sieht er ihn zum letzten Mal. Erst weitere zwölf Jahre später erhält er ein Lebenszeichen, das Norman komplett aus der Bahn wirft: Er muss feststellen, dass sein Vater sich für ein Leben auf der Straße entschieden hat. Norman beschließt, seinen Vater über Twitter zu suchen und löst damit ein enormes Echo aus.

In dieser aufwühlenden Geschichte über die Suche nach dem verlorenen Vater stellt sich Norman seiner Vergangenheit und erzählt, wie das Familienglück langsam zerbrach. Und wie heilsam es ist, endlich über diesen Verlust zu sprechen.

Auch als E-Book erhältlich

208 Seiten
16,99 € (D) | 17,50 € (A)
ISBN 978-3-7474-0155-2

Birke Opitz-Kittel

Mama lernt Liebe

Wie ich als autistische
Mutter gelernt habe,
meinen Kindern Gefühle
zu zeigen

Als Birke Opitz-Kittel ihre Autismus-Diagnose erhält, ist sie bereits Mutter von fünf Kindern. Endlich versteht sie, warum das Leben für sie nie einfach war. Sie hat sich als Kind immer als Außenseiterin gefühlt, was sich auch als Erwachsene nicht geändert hat.

Als Autistin fällt es ihr schwer, Emotionen zu zeigen und gängige Verhaltensregeln intuitiv nachzuvollziehen. Trotz dieser Schwierigkeiten lernt sie aber, eine innige Bindung zu ihren Kindern aufzubauen: Sie liest Erziehungsratgeber, beobachtet Mütter auf den Spielplätzen und sucht nach rationalen Begründungen für emotionale Bedürfnisse.

Berührend und eigenwillig erzählt Birke Opitz-Kittel, wie sie auch als Außenseiterin einen Ort gefunden hat, an dem sie ganz sie selbst sein darf: ihre Familie. Mit diesem Buch macht sie allen Mut, das eigene Leben zu leben, auch wenn es »anders« ist als die Norm.

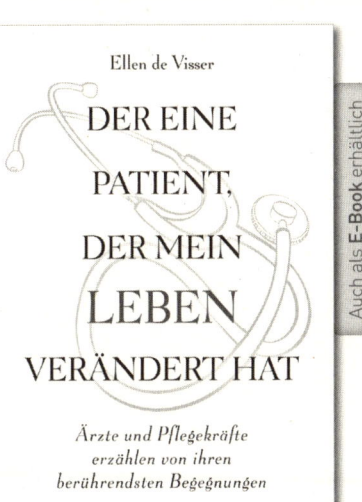

256 Seiten
14,99 € (D) | 15,50 € (A)
ISBN 978-3-7474-0141-5

Ellen de Visser

Der eine Patient, der mein Leben verändert hat

Ärzte und Pflegekräfte erzählen von ihren berührrendsten Begegnungen

Täglich müssen Ärzte und Pflegepersonal schnelle Entscheidungen treffen, mit gravierenden Konsequenzen für Patienten. Das ist eine enorme Verantwortung, die bei vielen Spuren hinterlässt. Ein Kinderarzt erlebt ein Paar, das sich gegen Überlebensmaßnahmen für das Frühchen entscheidet und daran fast zerbricht. Ein Neurochirurg notopiert einen jungen Mann, doch nach einem denkwürdigen Treffen Jahre später, fragt er sich, ob der Patient wirklich ein menschenwürdiges Leben führen kann. Die Journalistin Ellen de Visser befragt Ärzte und Pflegepersonal über den einen Patienten, der ihre Sicht auf ihren Beruf und das Leben nachhaltig verändert hat. Die schonungslos offenen und berührenden Berichte der Ärzte zeigen, welch unglaubliche Stärke durch vertrauensvolle Beziehungen entstehen kann. Sie zeigen, wie eng Leid, Hoffnung, Trauer und Freude beieinanderliegen. Emotional und ehrlich – diese Geschichten treffen tief im Inneren und zeigen neue Perspektiven auf das Leben auf.